Popteen ヤセる! CONTENTS

これが失敗しない10代ダイエット!!

STEP1　やる気を出す!!

- 004　我ら、ヤセポGirlsただいま参上!!
- 006　ヤセポGirlsのダイエット格言つき 美BODYカード
- 010　POP MODELS ヤセ活大事典!
- 027　にこるんにおデブ警報!!

STEP2　ヤセる脳をつくる!!

- 034　デブ脳内メーカー診断
- 036　ずぼら女子でもできる ノンストレスダイエット

STEP3　体質を改善する!

- 040　便秘よバイバイ! 腸活ダイエット
- 043　美腸強化トレーニング
- 044　ストレスフリー 性格別ヤセマッサージ
- 048　お風呂でヤセやすい体をつくる!

STEP4　気になるパーツ別にヤセる!!

- 050　毎日簡単にできる 小顔になる方法!
- 054　モデル脚になれるマッサージ&ストレッチ
- 058　ウエストヤセ いつ見てもブレないくびれをつくる!
- 062　ネコ背、O脚、体のゆがみ!! 姿勢ブス矯正プロジェクト!!
- 066　育乳トレーニング!
- 068　腕ヤセストレッチ!

STEP5　食事でヤセる!!

- 070　厚切りみちょぱのWhy? デブ子ピーポー!!
- 074　お肉・卵・チーズを食べてヤセる!
- 076　温めて 凍らせて バナナで美活!
- 078　「本当に効果があった」 ウチらの食べヤセレポート!
- 082　放課後メシをなかったことに カロリー一覧表
- 084　健康ジュースで体内クレンジング!

STEP6　ガチヤセしたコに方法を聞く!!

- 088　ガチヤセした成功者たちの 運動、食事、やったこと全部載せ!!
- 096　ダイエッターにアンケート!! ぶっちゃけ何がいちばんヤセるの?

STEP7　自分に合った運動を探す!!

- 100　体幹トレーニング
- 102　ピラティス
- 104　なわとび
- 106　ダンス
- 108　バレエエクササイズ
- 110　筋肉トレーニング
- 112　ヨガ

STEP8　短期集中でヤセる!!

- 114　2週間でみちょぱBODYになるスケジュール
- 116　汗とムダ毛攻略メモ!

STEP9　なんとかしてサギる!!

- 120　Level1 小顔メイクでサギる!!
- 122　Level2 小顔ヘアでサギる!!
- 124　Level3 着ヤセテクでサギる!!

合言葉は楽しみながら正しく

**喝を食らわしながら
みんなを引っぱる
リーダー**

Girl 01 みちょぱ

ダイエット検定2級を持つ、我らがリーダー。ときには暴言、ときにはパンチをくり出しながら、ウチらを正しいヤセ活の道へと引率してくれる!!

**みんなを癒やす
チームのマスコット**

Girl 03 ゆらゆら

ほんわかしていて、じつは努力家!! ダイエットにつらくなったとき、ゆらゆらスマイルで、みんなに元気を与える(はず)!!

ダイエット!!

略してTTD!!

太るつらさが、だれよりもわかる副リーダー
Girl 02 にこるん

中学から、太ってはヤセて。ヤセては太ってをくり返すにこるん。とくに、ムクみやすい脚は悩みの種なのだー。

我ら、ヤセポGirls ただいま参上!!

勉強熱心な妹的存在
Girl 04 まゆちる

POP1のカリカリBODYだから、ダイエットなんて必要ないじゃん!!って思うけど、流行のヤセ活があれば、われ先にと飛びつくミーハーダイエッター。

ダイエットは、1人で寂しくやっても楽しくない!! だからといって一緒にやってくれる友だちもいなーいなんてそこのアナタ!! 日々の運動や食事制限にくじけてしまいそうになったとき、ヤセポGirlsたちを思い出して!!

撮影／小川健（will creative）　スタイリング／四本優子　ヘアメイク／YUZUKO

ニコル・オフショルビキニ¥16200／Ai（三愛水着楽園）　ゆらの・ビキニ¥6372／夢展望　舞悠・ビキニ¥16200／24♡7（三愛水着楽園）　美優・ビキニ¥15120／Ai（三愛水着楽園）　サンダル¥8532／R&E

ヤセポGirlsの ダイエット格言つき 美BODYカード

好きな写真を切り取って目標にしよう!!

Smile

ヤセポGirlsたちの美BODYカードを切り取って、ケータイの待ち受けにしたり、壁やノートに貼ろう!!　もし、ダイエットにくじけてしまいそうなときに、この写真を見れば、ヤル気がメラメラ湧いてくる!!

そのつらさを楽しめ!

明日やろうはバカヤローだぞ♡

そのひと口が努力を台なしにする!!

ヤせたら絶対モテる!!

ヤせる！Popteen　STEP1：やる気を出す!!

もうブタなんて呼ばせない!!

悔しかったらヤセてみろ!!

ドン

ヤセる！Popteen　STEP1：やる気を出す!!

ゆらゆらは
平泳ぎ
ダイエット

LET'S COOK!

れいぽよは
**低カロリー
クッキング**
ダイエット

しーちゃんは
ボイトレ
ダイエット

まゆちるは
**小尻
引きしめ**
ダイエット

努力しないで
可愛い
わけじゃない！

"なりたい"
**POP
ヤセ活**

たくぽんは
柔道
ダイエット

POPモデルが可愛いのは、もとからなわけじゃない！
できそうなことから、始めてみましょ♪

ビキニ(キャミつき)¥17280／Ai(三愛水着楽園)
サンダル¥8532／R&E

池田美優チャンは
よく食べ、よく動き、よく出して、

「むかしから、ひょろひょろしすぎて、『もやし』とか『しらたき』っていわれてた(笑)。どんなに食べても太らない体質なんだ。っていうのも、一日、多いときは5回もうんちっちが出てるから!! ダイエット関係のプロデュース商品に挑戦したいから、きちんと基礎を学びたくて、勉強が苦手なウチがダイエット検定まで取ったしね。とにかく、3食しっかり食べて、よく動いて、うんちっちを出せば、絶対に太らないから!! 人間として当たりまえの生活が大事ってことだよねー。理想のスタイルは、ガリガリじゃなく、ほどよく筋肉があるスレンダーな体。筋トレをがんばっておなかに縦スジも入れたし!!」

DIET 運動編

見よ、この腹筋の縦スジを!!

その1 露出度の高いウエストは徹底的にしぼる!

YouTubeで「下腹ヘコます」で検索して出てきた鈴木トレーナーの筋トレ。これやって、おなかに縦スジできた!!

①あお向けに寝てひざを曲げて太ももを上半身に引き寄せるよ。
②ゆっくり脚を伸ばし床から30cm上でキープ。これを20回くり返す。

①あお向けで寝て、脚はまっすぐ天井へ伸ばす。②ゆっくりと脚を床の方向へ下ろしていき、床から30cmくらいのところでキープ。

あお向けの状態で脚を上げ、脚を左右交互に入れ替える。ひざは軽く曲げてOK。素早く動かすとより効果的だよ。

その2 ハードな筋トレはNG! マッサージとグッズに頼って美脚づくり!

脚は、筋トレっていうより、リンパを流したり、血流をよくすることでムクミを予防するのが大事。筋トレしすぎると、太くなるから!!

寝るまえの3工程

1 マッサージしてリンパを流す

2 ゴキブリ体操で血流をUP!!

3 あとはメディキュットはいて寝るだけ

寝るまえに、脚のリンパマッサージをしたら、あお向けに寝て、両手両足をブラブラさせる。これで、なんとなく血流UPしてる気がする。あとは、メディキュットはいて寝るだけ〜。

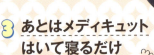

みちょぱの美脚3点セット
DOPE SHAPE 骨盤ショーツ / メディキュット / リファ

骨盤ショーツは、ウチがプロデュースしたやつ。はくことで骨盤を正しい位置に戻してくれて、ボッコリおなかもスッキリするよ♥

DIET 食事編

その2 肉、米、野菜を3食しっかりとる!

お米大好き♥

朝や夜のごはんを抜いたり、炭水化物を食べないとかのバランスの悪い食事は、ストレスになって、結果ドカ食いしちゃうよ!! 3食しっかり食べることがヤセ体質の近道。

 夜
 昼
 朝

寝るまえは、体が温まる野菜スープとお肉＆お米。気持ち野菜多めに。

仕事の合間のお昼は、炭水化物をガッツリとってエネルギーチャージ♪

朝はおにぎりやパンの炭水化物と、ウインナーや唐揚げ。それと野菜。

その3 おなかが減ったらおにぎりか野菜ジュース

おなかが減ったら、おにぎり1コと野菜ジュース。ちまちま、お菓子を食べてても満腹感は得られないのに、カロリーはスゴイから!

その4 食べる順は野菜から

肉や油ものが好きだから、毎食、野菜はたっぷり。野菜を片づけるカンジで食べるだけで、脂肪の吸収が全然違う。

その5 根菜をよく食べる

ママの手作りきんぴら

よくきんぴらとかにんじんとか食べてるよ。根菜は体を温める効果があるから代謝UPにもいいんだよね〜。

その6 飲み物は水かお茶! 500mlを一日5本!!

一日にすっごい水分をとってる。でも、甘い飲み物は絶対ダメ!! 水かお茶の500mlのペットボトルを5本はいっちゃうね。

その1 毎日、最低4回はうんちっちを出して、腸内をすっからかんに!!

寝る前にR-1も毎日飲んでる

「なんで、そんなに太らないの?」って聞かれたら、答えは1つ。「うんちがしこたま出るから!!」一日に多いときは5回も出してるから。口から直腸までまっすぐなんじゃないのってくらい食べたらすぐに出る(笑)。ウチがいないな〜と思ったら、だいたい、うんこしてるから!!

毎日HAPPYにふわふわ過ごすことで愛らしいBODYをGET!

「今年に入ってから、幸せ&HAPPY♥ そういうときって、がんばるぞー！ イェーイ！って気持ちになってなんにでもやる気が出るから、ダイエット欲も高まったかんじ♪ HAPPY→がんばる→成果が出てさらにHAPPYの連鎖が続いてくの。最近、悲しいことや嫌なことを抹消する力も手に入れた！ なぜか？ それは、神様に毎日お祈りしてるからかも。『神様、神様、うるさい！』って友だちにいわれるくらい、何か幸せなことが起こると『神様ありがとう！』って、口に出して感謝してるから。幸せは口に出さなきゃダメ。ゆらのはHAPPYを食べて生きてる。今年のゆらのの目標は〝愛される人になる〟こと。だからボディーも、愛されボディーをめざすよ♥」

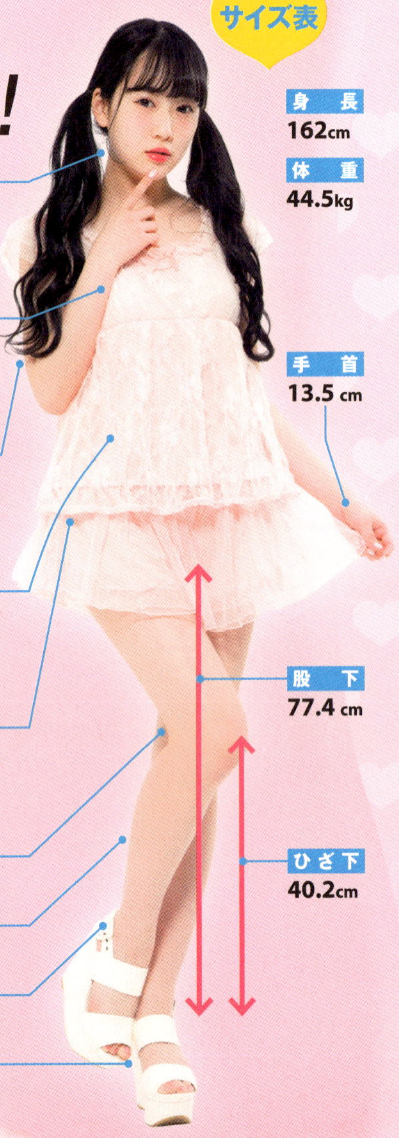

サイズ表

- 身長 162cm
- 体重 44.5kg
- 首まわり 29.5cm
- 首の長さ 15.2cm
- バスト 75.5cm
- 横幅 17cm
- 手首 13.5cm
- 二の腕 20.5cm
- 腕の長さ 68cm
- ウエスト 57cm
- 横幅 14.5cm
- ヒップ 81cm
- 横幅 18cm
- 太もも 46cm
- ふくらはぎ 31.5cm
- 足首 19.5cm
- 靴のサイズ 24cm
- 股下 77.4cm
- ひざ下 40.2cm

wanna be a lovely body.

ヤセる！Popteen STEP1：やる気を出す!!

越智ゆらの
チャンは

「幸せ」って叫べば
幸せが訪れて心も体も
HAPPYになれるよ！

ビキニ¥16200／NuckleMarket（三愛水着楽園）　ガウン¥3229／WEGO　ショートパンツ¥4860／BUBBLES原宿　ヘッドアクセ¥2052／LCHANCE渋谷109店

BEFORE

透き通る白い肌と太ももの隙間がかわいいが完成！1年前はムチムチ

●私立O高校2年 越智ゆらの
吉澤彩央里

2015. 6月号より

「悲しいときや病んでるときは、何もやる気が起こらない。ツラい過去は抹消したから、このとき何があったかは、覚えてないや♪」

DIET 食事編

その1 間食するなら アサイー

「アイランド・ヴィンテージ・コーヒーのは、アイスっぽいかんじ！ タリーズのアサイーもおいしいよ。間食はあんまりしない♥」

アイランド・ヴィンテージ・コーヒーがおすすめ

その2 一日1食、夕食のみ！

アイスは食べても太らない♥と思い込む!!

「朝昼いっぱい食べて夜はセーブしようって考えるけど、結局できない。なら夜にごほうびを取っておく。最後に幸せを残しておくタイプ♥」

その3 冷蔵庫の中に フルーツを ストック

いちごスキー♥

冷凍ブルーベリーは冷蔵庫にストック！

「お菓子食べるなら、フルーツ食べる♥ チョコは大好きだけど、カラオケ行ったときのアイスのチョコ味食べるくらいにセーブ中！」

その4 飲み物は 水か ジャスミン茶

大好きなカルピスとレモネードは控えてる！

「水分は、一日1ℓくらい摂取！ レモネードが飲みたいときは、甘さ控えめを手作りするよ♪」

みちょぱも「うまい！」と絶賛 お豆腐ドーナツ

「材料をすべてよく混ぜ合わせたら、しぼり袋（ビニール袋の先たんをカットしてもOK!）に詰めるよ。 クッキングシートの上にドーナツ形になるようにしぼって油で揚げて、お好みで粉砂糖をかけてね」

材料
ホットケーキミックス……100g
絹豆腐……100g

異性にそそぐ愛をいまはお菓子にそそいでる♥

ふわふわでなんだか可愛い♥ おふの フレンチトースト

「卵、牛乳、砂糖を混ぜ合わせるよ。そこに、おふをひたして、約1時間放置する。おふをひたす時間は、多いぶんには問題ナシ★ ひたしたおふは、一度キッチンペーパーの上へ。それから弱火のフライパンで、焦げ目をつけるよ。焼き色をつけたいだけだから、すぐ裏返してOK！ 最後にメープルシロップをかけてね」

材料
おふ……お好みで
卵……1コ
牛乳……100cc
砂糖……適量
メープルシロップ……適量

その5 甘いものが 食べたければ、 手作りスイーツ♪

「ホントはごはんを作りたいんだけど、自分のためだけには料理できない！ お菓子なら、次の日の撮影にも持っていけるでしょ♥ お菓子作りは、無心になれるからストレス発散になって、人にもよろこんでもらえて一石二鳥！」

ヨーグルトと相性GOOD オートミール クッキー

「バナナ2本をぐちゃぐちゃにつぶしたところに、オートミールを200gと好きなドライフルーツを加えて、オーブンで約30分焼くよ♪ クッキーほど硬くないやわらかい食感でおいしい！」

材料
バナナ……2本
オートミール……200g
ドライフルーツ（パイナップル、キウイ、いちごなど）……お好みで

ヤセる！Popteen　STEP1：やる気を出す!!

DIET 運動編

その1 プールで平泳ぎ2時間

「平泳ぎしか泳げない。ずっと泳げるよ。あと、バタ足は上手。水しぶきを上げないでできるから、まわりに迷惑もかけないよ♪」

ゴーグルも帽子も持参！いつもスク水で泳いてるよ♪

その6 部屋着に着替えたらソッコー！メディキュット

「寝るときもメディキュット。はいてれば、とりあえず冷えないよ！ それが家に帰ったら、すぐお風呂に入って体を温める♪」

その7 渋谷⇄原宿区間は必ず歩く！

「運動は嫌いだけど、歩くのはできる！ 坂道とかはムリだけど…。最近、またピンクのスニーカーを買い足したんだ♪」

その8 ボディークリームで保湿しながらリンパマッサージ

「ボディークリーム（ちなみに性能より香り派♥）を塗るついでに軽くマッサージしてたんだけど、最近は入念にするようになったよ」

ゆらゆらのダイエット格言

幸せ食べて生きょう！♡

その3 ワンダーコアで腹筋80回

「3日に1回ペースで、腹筋と脚を鍛えるのを80回やってるよ。なぜなら8が好きだから♪ 腕立ても80回やろうと思ってるところ！」

その4 43℃のお風呂で全身浴

「携帯をスピーカーにして、友だちと長電話しながらってパターンが多い。お風呂に1人って怖いし。気づいたら2時間とかたってるよ」

その5 月2で岩盤浴

「『オリーブスパ』は個室になってるから、友だちといっしょにしゃべりながら入れて楽しいよ♪ 高いから、たまーにしか行かないけどね！」

その2 ジムでエアロバイク1時間

「プールのまえに、マシーン系で汗を流すよ。音楽を聴きながらのエアロバイクは、あっという間！ ジムには、トータル約3時間いるかな」

レッグプレスもやるよ！

プール・ジムが使えるのは…

スポーツクラブ ルネサンス 三軒茶屋

フィットネス＆リラクゼーションスポット！プールやマシーンのほかに、ヨガやダンスができるスタジオ、サウナなど、設備が充実してるよ♪ 一日中いられる！ ⓐ東京都世田谷区三軒茶屋2の2の16 03・5481・8500 ⓣ10〜23時30分（土曜は22時、日・祝は20時まで）㊡月曜

土屋怜菜チャンは恋するパワーをチカラに!
好きな人の好きなカラダをめざす!

現在、絶賛片思い中! ついつい食べないダイエットをしがちなれいぽよだけど、ヘルシー料理で補ってるよ!

身長 155cm
体重 42kg
手首 13cm
二の腕 21.3cm
腕の長さ 66cm
首まわり 28.6cm
首の長さ 14cm
バスト 76.7cm
横幅 22cm
ウエスト 57cm
横幅 12cm
ヒップ 82.5cm
横幅 16cm
ふくらはぎ 30.5cm
足首 19.4cm
靴のサイズ 23cm
太もも 47cm
股下 66cm
ひざ下 35cm

恋する限りダイエット継続! 夏までに38kgめざし中!

「ウチ、首短いな(笑)。最近、44～45kgをさまよってたんだけど、ちょっとヤセた! 筋肉は、おなかにほんのちょっとつくらいでいいかな」

DIET 運動編

その1 ママとジョギング♪
「小走りよりちょい速めのスピードで、30分以上は走るよ。しゃべりながらだから、楽しい! ママとは友だちみたいな関係なんだ♪」

地元友だちとはスポーツもするよ!
「中学の男女友だちと、サッカー、バスケ、バレーとかスポーツしてる。楽しい!」

その2 バイビー＋リファ＋メディキュット 3点使い!
脚ヤセ三種の神器!!
「お風呂あがりで体が温かいうちにバイビーを塗ったら、リファでマッサージするよ。さらにメディキュットをはけば、脂肪が燃えるかんじ」

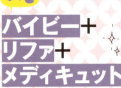

その2 生理1週間まえから豆乳を飲む
「生理になったら、基本3食サラダくらいしか食べない。生理中にガーッと食べたらむくみやすいし、体に出ちゃうから気をつけてるよ」

R-1は毎日飲んでるよ!
「便秘も解消! あとは野菜ジュース、お茶、水を飲むかなー。ジュースとかは飲まないよ!」

むくみ防止にはこいつ☆

DIET 食事編

その1 ME TEAで空腹しのぎ
「おなかがすいたと思ったら、このお茶を飲むよ。間食はしない。ちなみにサラダを食べるときは、ドレッシングのカロリーをチェックしてるよ!」

その3 おなかすいたら寝る!
「OFFの日は昼まで寝てることも多いから、夜しか食べないときもあるよ。『リバウンドする』っていわれても "食べない" 選択しちゃうの」

DIET メンタル編

その1 正統派イケメンLOVE♥
好きな芸能人の画像を見て「○○クンが食べちゃだめっていってる!」と思うようにする
「好きな人が『細い人が好き』っていったら、悔しい! と思えてがんばれる。ぽっちゃり好きっていわれたら? それは考える(笑)」

その3 細い人を見て "ヤバイ!" と焦る
「POPの撮影期間になって、みちょパッと細い人見ると、がんばらなきゃって思う。新しいPOPモデルのコたちには、ライバル意識もあるよ!」

その2 友だちとオソロ♥ ダイエット格言が待ち受け!
「この友だちは美意識が高いから、負けたくない! って思うんだよね。食べたものは写メして、食べ物フォルダーに入れておくよ」

※ダイエット※
目指せ38kg
ルール
食べたものは写メを必ず送ること
甘いもの違っているものは食べないこと
動きないこと
2人でやりとげること

みちょぱサン 脚細すぎ
にこるんサン くびれすご♡

澤田汐音チャンは数字より見た目重視で体重計にのらない！

POPモデル1のナイスバディー♥ 「食べないダイエットでリバウンドした」失敗経験から、自分らしいダイエットに行き着いたよ！

- 首まわり 30.5cm
- 首の長さ 14.5cm
- 二の腕 22.5cm
- 腕の長さ 64.5cm
- バスト 78.5cm
- 横幅 14cm
- ウエスト 58.5cm
- 横幅 12cm
- ヒップ 86cm
- 横幅 15cm
- 太もも 47cm
- ふくらはぎ 31.6cm
- 足首 20.5cm
- 靴のサイズ 23.5cm
- 股下 83cm
- ひざ下 42cm
- 身長 165cm
- 体重 49kg
- 手首 13.8cm

ムリしてもいいことなし♥数字にまどわされない！

「数字はストレス！ 1kg増えてやばいって思っちゃうなら、最初から体重計にはのらない。見た目がスッキリしてることが大事」

その4 小顔マッサージ

「顔は触っただけで、太ったかわかる！ 顔が丸くなってパンパンになってきたなと思ったら、やってるよ」

1 人さし指と中指であごをキャッチ！
「両手をチョキにして指を曲げたら、人さし指と中指の間にあごをはさむよ！ そこから上に向かってフェースラインをなぞってね」

2 こめかみをギューっと約5秒間押す！
「押してゴリゴリ♪ 目の疲れにも効果的だよ！ ①→②を20回くらいくり返してね。ながらでできるから続けられるよ！」

3 目の下も同様に内から外へ！
「目の下からこめかみに向かって、手を動かすよ。これも20回くらいくり返して。クマも薄くなって、パッチリ目になれるよ♪」

DIET 運動編

その1 ジムに通う
「1人だと面倒だから、バンドメンバーのみなみと通ってる。待ち合わせてたら行かなきゃ！と思えるし、トレーニングもあきないよ」

その2 ライブで腹筋を鍛える！

「ライブは体力勝負！ ボーカルだから、けっこう腹筋も使うよ♪ ボイトレにも、いい筋トレになってると思う！」

その3 寝るときはメディキュット

ピンクでまとめる
「むくみ対策！ ちなみにパジャマもメディキュットもピンクで、寝るときも可愛い気分をあげるよ♥」

DIET 食事編

その4 間食は梅干しがオススメ★

はちみつ入りしか食べない！
「おなかすいてるときにつまんでみたら、空腹が満たされた！ あとはもずく酢とかすっぱいもの食べると、食欲が満たされるから試してみて♪」

その5 食べないダイエットは絶対しない！
「ジムのトレーナーさんに『ちょっとでも食べないと、いざごはんを食べたときに倍のカロリーを摂取しちゃうよ』といわれてから食事は抜かないよ！」

その3 寝るまえにあったかいお茶1杯
「あったかいお茶を1杯飲んでから寝るよ。あとは湯船には必ずつかって、とにかく体を冷やさないようにしてる！」

その1 おなかすいたら歯を磨く
「歯を磨いちゃえば、もう食べる気が起きない！ オーラツーのピンクの歯磨き粉がおいしいから好き♥ 磨いたらすぐ寝ちゃうよ♪」

その2 お父さんと一緒にダイエット
「お父さんもダイエット中だから、夜ごはんは湯豆腐だけのときもあるよ。汐音に負けたくないらしくがんばってるけど、運動しないしお酒飲むからヤセてない♪」

その2 "あのころに戻りたくない！"と自分を奮い立たせる
「POPの編集長に初めて会ったときに人生でいちばん太ってて、『(次くるときまでに)ヤセてきて』っていわれた過去もあるよ！」

DIET メンタル編

その1 全身鏡でプロポーションチェック！

「忙しくて不規則→ジムに行けない→太るってなるから、食事で調整してる♪ 体重計はのらないぶん、鏡でチェックしてるよ！」

しーちゃんのダイエット格言

ダイエットは女の子を"かわゆしーちゃん"にするステキな魔法だよ♥

番外編 **たくぽんが2カ月でー5kg! 男の本気ヤセ!**

『炎の体育会TV』で現役柔道家との柔道を披露! この日のためにガチで体を絞って、本気ヤセして超カッコよくなったよ!

DIET 運動編

その1 腹筋、背筋、腕立ては毎日!
「腹筋400回、背筋100回、腕立て50～100回。二の腕とか筋肉ムキムキだと服が着られなくなりそうだから、腕立ては少なめにやるよ!」

その2 ジョギングは2日に1回
「自分は体力つけたいから30分間のジョギングにしたけど、チャリでもウオーキングでも、とにかく有酸素運動をしたらいいよ!」

壁ドンの練習にもなるよ♥

「そのまま腕を曲げて、壁に顔を近づけて! この腕立てなら、女のコも簡単だよ♪」

「腕を床と平行にして壁に手をつける♪ 足は開かずそろえてね」

BEFORE

「2カ月まえまで、顔がまん丸。半年まえは約70kgで、いまは66kg。脂肪落として筋肉つけたから、見た目はそれ以上にヤセてると思うよ!」

身長 **176cm**

ベビーフェースと筋肉 そのギャップにうっとり♥

その3 道場に入門! 柔道は週2～4回!
「1回1～2時間、練習するよ。柔道は有酸素運動だし、体幹も鍛えられる! 本気でやればすぐ筋肉ついちゃう体質だから、あくまでも絞るかんじ!」

払い腰　かたぐるま　小タヌメリリ

DIET 食事編

その3 一日1食、15～16時の間に食事する!
「この時間に食べるのがいちばん脂肪として吸収されづらいって、本当かわからないけどテレビで見たよ。1週間くらいはツラいけど、慣れると大丈夫」

その4 本気モードなら1週間サラダチキンオンリー

「まず脂肪がジャマ! だから、断食に近いよね。イッキにガッと脂肪を落として、有酸素運動をする。余った脂肪に筋肉をつけていくよ」

その1 タンパク質を摂取! そればっかりは体臭が気になるから…ヨーグルトと果物で予防!
「ヨーグルトや果物は体臭予防にもなるし、お菓子食べるよりもいい!」

その2 夜中におなかすいたら果物はOK!
「食事は炭水化物を抜く(もしくは食べてもお茶碗半分!)だったから、おなかすくことも…そしたら果物を。むかしはピザとか食べてた!」

「ピークは高3のときに80kg。柔道やめて筋肉が脂肪になった、いわゆる肥満体型。いまはシュッとなったから、やっぱ盛れ方も違う!」

たくぽんのダイエット格言

何事に対しても楽はない!

予備軍チェックリスト

1つでも☑の数を増やせるように、ふだんの生活を見直そう♪

●日本ダイエット健康協会
Yun先生
ダイエット&ボディーマネージメント指導者。自らの経験を生かし、日本ダイエット健康協会や専門学校Vantanヴィーナスアカデミー、モデルエージェンシーなどで指導にあたる。ダイエット検定http://diet-Kyokai.com

食事編

9. 食後のデザートは食べない ☐
あんまり食べない
食後がいちばん、血糖値が上がりやすい。そこに糖質を放り込むと、もっと上がってしまいます！

5. 料理が好き ☐
最近好きだよ！
自分の目で見て味つけも調整できるから、食べたいものと食べたくないものの判断がつけられます。

1. 3食きちんと食べる ☐
食べてなーい
人の体には"サーカディアンリズム"があり、そのリズムでごはんを食べて吸収しづらい体に。

10. 甘いものはあまり好まない ☐
ホントはもっと食べたい
やっぱり、甘いものって太りやすい。どうしても食べたいときは、フルーツに置き換えたりしよう！

6. しょっぱいものは好きではない ☐
イカ大好きー！！
塩分過多は、むくみの原因にもなります。あまり外食ばかりせずに、塩分を調節してあげよう！

2. 好き嫌いが少ない ☐
割となんでもイケる！
バランスよく、いろんなものを食べて消化吸収！ 甘いものばかりなど偏った食事は×。

11. 食べることは大事だと思う ☐
栄養とらなきゃ！
食べてよくかむことで消化活動を手助け！ 消費するクセを身につけて。

7. 食べるペースが遅い ☐
めっちゃ速い！！
よくかんで食べると、エネルギーの消費量が増えます。食べているときの代謝もUPさせましょう！

3. 食事の最初に野菜を食べる ☐
これはできる♥
食事の最初に口に入れるものの吸収をおだやかにするため、まずは野菜で防波堤をつくってあげて！

12. 食事はみんなでワイワイ食べる ☐
家で1人が多いよ…
ゆっくりリラックスして、おいしい！を共有して楽しく食べるほうが、脂肪は燃えやすいんです♪

8. 温かい飲み物が好き ☐
そもそも水分とらない…
冷たい飲み物より、代謝がUP。夏だからといって冷たいものばかりガブガブ飲まないようにしよう！

4. 野菜は毎食食べる ☐
でも毎食は食べてない…
野菜をいっしょに食べてあげることで満腹感も得られます。血糖値の上昇もおだやかに！

なぜ太ってしまったのか!? にこるんの生活をYun先生が判定！おデブ

太るのには理由がある！ にこるんといっしょに、みんなも食事＆生活習慣をチェック！ ☑の数が多いほど、ヤセやすい体だよ。少ない人は、

生活習慣編

21. 食べたあとすぐに食器をさげる ☐
放置しちゃう…
テレビ見てボケッとするよりすぐに片づけて、ちょっとでも体を動かしてあげて。

17. 汗をよくかく ☐
ほぼ、出ない！
お風呂につかると、いままでより汗をかきやすくなります。代謝を上げて汗かき上手に！

13. 歩くのが好き ☐
渋谷→原宿 よく歩くよ！
ウォーキングは、全身の血流アップ！ 小股でちょこちょこじゃなくて、速く大股歩きで歩いてみて。

22. 体がやわらかい ☐
カ、カタイ…
ベタァー
体がやわらかい人は、代謝がいい証拠。硬い人はやわらかくするだけで、代謝UPにもつながります。

18. 体温は36度5分以上 ☐
いつも36.4℃くらい
体温が低すぎると、脂肪も燃えづらい！ 体温を数日測って平均体温をチェックしてみよう！

14. 週に2～3回運動をする ☐
できなーい！
軽めの運動でOK！ ウォーキング、ジョギング（ダラダラ走り）、ストレッチがオススメ！

デブ予備軍 CHECK!

☑ **18コ以上のアナタは…**
脂肪が燃えやすく、太りにくい体質。いまの生活を維持しつつ、さらに全部☑がつくことをめざして。もっとヤセ美人に！

☑ **12～17コのアナタは…**
ヤセ上手まで、あと一歩！ チェックリストを見直して、もう少し食事や生活習慣で、できることをプラスしよう！

☑ **5～11コのアナタは…**
ちょっと脂肪が燃えにくそうだけど、気をつければ生まれ変われます。やる気を出さなきゃ、もったいないよ！

☑ **4コ以下のアナタは…**
ヤセづらく、かつ食べると脂肪になりやすい状態。まずは☑が10コを目標に、もっと動いてあげよう！ がんばって！

19. 冷房は嫌い ☐
夏でもあんまり暑くない！
冷房をつけて寝るのは×。せめてドライ設定や扇風機にして、体を冷やさないように気をつけて。

15. 毎日お風呂につかる ☐
全身浴してるよ！
毎日がムリでも、2日or3日に1回でも◎。つかりながら歯磨きやシャンプーとかもしちゃおう♪

にこるんは☑の数が **9コ!**
ダメなところを見直してしっかりヤセ活するぞー！！

20. そうじが好き ☐
汚ないのは嫌だ！
部屋がキレイになって運動にもなって一石二鳥！ ジッとしてるコって、ヤセにくいんです！

16. あまり体は冷えない ☐
冷えまくりでヤバイ！
冷えすぎた食べ物を食べないように意識して。ドリンクも、アイスではなくホットを頼むように。

こるんのヤセる道

Yun先生がやさしく指導。ダイエットは、続けられることじゃないと意味ないもんね！

DIET 食事編

食べるときと食べないときの差が激しい偏食は太りやすい体づくりの原因に

忙しくて食べられない時間があったり、ロケ弁で脂っこいものを食べたりと、ちょっと偏食ぎみ。すごく空腹の状態で急に食べ物を入れるとしょっぱいものもすぐ吸収しちゃうことに。排泄にもつながりづらい。だから、食事の時間は極力あけすぎないほうが◎。きょうはなかなか食事がとれなそうだなって日は、野菜を持参しよう！

デブのもと 1 ごはんはあんまり食べてない！なのに太って、もうストレス！

「太るんだったら、もっとおいしいもの食べて太りたい。軽食とかちょっとつまんだだけで太っていくから、ストレスしかない！」

→ コレで解決！

ジップロックに野菜を入れて持ち歩く

野菜を切るだけなら簡単！

「ひと口目に野菜を入れれば、糖質や塩分の吸収を抑えてくれます。前日にざく切りだけしておいた野菜（面倒なら、にんじん丸ごと入れちゃう勢いでもOK！）をジップロックやタッパーに入れて持参。カットの必要がないミニトマトなら、どこでも食べられて、空き時間にサクッとつまめます。野菜をとれば、出るもんも出ます」（Yun先生）

→ コレで解決！
カリウムを多く含む食材はコレ！

塩分のとりすぎはむくみの原因にカリウムを積極的に摂取して！

ニコルヂの場合は、反動もあるよね。食べたいもの食べてないから、せめてスルメかじるぐらいだったらいいや〜的な。ただ、塩分のとりすぎは×。塩分の排泄を促してくれる可能性が高いカリウムを多く含む食材を摂取して。ニコルヂは水を飲むのもめんどうらしいけど、水分もこまめに補給してあげましょう！

デブのもと 2 しょっぱいもの大好き！スルメはつねに家にストックしてる！

「21時ぐらいになってお腹すいてきて、どうすればいいのかわからなくなって家にあるスルメを食べる。塩分だよね〜、わかってんだけどね〜、食べちゃう。スルメはむかしから好きだから！」

ほうれん草やバナナなどが、カリウム豊富。さつまいもは食物繊維もたっぷりだしおなかにたまるから、白米の替わりに食べてもいいよね！

さつまいもの甘さなら罪悪感0だね！

塩分、大好きー！

スープはよく自炊♪ ガブガブ飲むよ！

夜中におなかすいたらスルメかじってる！

日本ダイエット健康協会 Yun先生が教える ムリしない！失敗しない！コレがに

「ツラいのムリ〜」なにこるんに

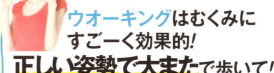

ニコル、ネコ背ですから――！

DIET 運動編

「リファはつねに持ち歩いてて、空いてる時間によくやってる！ でもそのまえにつまむといいんだね♪」

ウオーキングはむくみにすごーく効果的！ 正しい姿勢で大またで歩いて！

あまりにも高いヒールで歩くと、逆に脚がパンパンになりすぎる可能性も。ベストは、ぺたんこのスニーカー。せめて2〜3cmヒールくらいがいいでしょう。あえてウオーキングの時間をつくらなくても、買い物とかで最寄り駅から2駅まえで降りて歩くとかでもOK！ 大またで歩いてると、内側の太ももを使ってるな〜と感じるはずです♪

マッサージは"つまんでもみ込む"とより効果的です

ヤセたい場所を重点的につまんで、脂肪をほぐしてあげて。1か所つまんだら、そこをグニグニグニグニと3分間！ 脂肪って硬いし冷たいけど、もみ込むと脂肪が温かくなる→やわらかくなる→燃えやすくなるんです。ウオーキング、ストレッチ、入浴まえにも、もみ込んであげて。より脂肪が燃えやすくなります！

最近、フラフープ買ったの！！

ちょっとした移動時間も意識してみる！

「最近はチャリ買ったから、近場はチャリ乗ることもあるよ。あとはベッドの上で、フラフープしてるよ！」（ニコル）

デブのもと 1 運動するヒマがない！最近、歩いてすらいません…。

「最近は、電車もツラい…。すぐバレるし。歩くときはネコ背で歩いてると思うから、直したほうがいいんだろうなと思うよね。

浣腸してる！

デブのもと 2 うんちが出ないとストレスでさらにうんちが出ない！

うんちが1週間出ないときがあって、1回浣腸したら、これすげー出る！と思って、ハマっちゃった。もう浣腸がないと出ない体になりそう…。

500gも増えてるー！

デブのもと 1 体重は毎日量ってる！ちょっとでも増えてると萎（な）える…

減ってるときは、ラッキー！がんばろ！ってなるけど、ちょっとでも増えてたらあんまり食べないようにしておこうって考えて、栄養とれてないんだと思う。

きょうはがんばったから量ってみよっかな♪

DIET メンタル編

3食きちんと食べてストレスフリーに！

ダイエット中で食べるのが怖くて、便秘になってるコはいませんか？ 一度気持ちよく、ごはんを食べてみて。基本的に食べて動くっていうことをすれば、腸も動いて、排泄もされてスッキリ！ ストレスもなくなるから、そういう生活が続けられるんです。何事も、ストレスがあると続きません！

数字に惑わされない！生理中の体重は気にしないでおこう

例えば500gくらいだと、ペットボトル1本飲めば増えるし、尿を出せば減るくらいのもの。だけど数字で増えてるの見ると、すごい恐怖感ですよね。毎日量ってると、やる気も尽きちゃう。生理まえだと、平気で2〜3kg増える人もいます。いまは生理まえだから！と思って、気ラクでいるのがいちばん♪ 生理中は太ったわけではなく一時的に増えるだけと心得て！

にこるんの1週間ヤセ活ダイアリー

DAY7 リファでコロコロ。毎日続けてたら、最近むくまなくなってきて、脂肪がやわらかくなってきた！

DAY6 撮影現場に、きゅうりを発見！ きゅうり好きなの知ってるから、用意しといてくれた〜！

DAY5 アサイーのジュース、ヨーグルト、はちみつ、バナナを混ぜてるの。食べるとうんち出る！

DAY4 夜ごはんにバナナ食べたよ！ おなかいっぱいになるし、おいしいし、カリウム豊富っていうから♥

DAY3 カレーをひき肉でつくってみたよ。なんか気分的に、大きい肉より細かい肉のよさそうじゃん？

DAY2 そばってヘルシーって聞くから、作ってみた♪ さらっとおしゃべりしながら楽しく食べたよ！

DAY1 この日の夕食は、きゅうり9本！ 梅みそとかいろんな味にしてるから、全然あきないよ♪

ヤセる脳をつくる!! STEP2

運動や食事制限など、ヤセ活をスタートさせるまえに、正しいダイエットの基礎知識や考え方を脳にたたき込むよ!!
まちがった減量は、リバウンドや拒食症の原因になっちゃうから要注意!!

YASENOU? OR DEBUNOU?

あなたの ダイエットうまくいかない病 、原因は マインド にあるのかも!?

デブ脳内メーカー診断

性格、体質、生活習慣のチェックシートから、あなたの隠されたデブ脳率を解析。
まずは自分がダイエット的にどんなタイプかを知っておこう!

YES? OR NO?
ARE YOU DEBUNO?

まずは正直に自分と見つめ合うこと!
デブ脳チェックシート

50の質問をチェックしたら、次のページで自分のデブ脳率を確認してね!

- ☐ 食べることが好き
- ☐ よく口がさみしいと感じる
- ☐ 早く食べないと気がすまない
- ☐ 外食が好き
- ☐ ストレスをため込むほうだ
- ☐ ストレスがあるとつい食べちゃう
- ☐ 食べすぎるとビクビクする
- ☐ 自分のご褒美が、いちいち〝食〟だ
- ☐ カロリーオフやヘルシーの言葉に弱い
- ☐ 休日はだいたい家にいる
- ☐ 規則正しいのはきらい。毎日楽しくすごしたい
- ☐ とにかく運動するのがめんどくさい
- ☐ ダイエットに失敗したことがある
- ☐ ダイエットをコロコロ替える
- ☐ 正直ヤセる気がしない
- ☐ 体重をほとんど量らない

- ☐ 知らないうちに太っている
- ☐ まわりの人が太っている
- ☐ テスト前は一夜漬けだ
- ☐ つい言い訳しちゃう
- ☐ 自分に甘いほうだ
- ☐ なにか長く続けている(いた)ことが1つもない
- ☐ おしゃれ服といえば、ワンパターンくらいしかない
- ☐ 最新のヘアメイクがわからない
- ☐ ストレスが肌に出るタイプ
- ☐ ケガしたら治りづらい
- ☐ イライラすることが多い
- ☐ 放課後よく友だちとカフェに寄り道する
- ☐ 毎日が忙しい
- ☐ 濃い味のほうがおいしく感じる
- ☐ つねにお菓子ストックがある
- ☐ 兄妹が多い
- ☐ 汗かくのがきらい

- ☐ むくんでいるだけで太ってはいない
- ☐ いつもなんかだるい
- ☐ 夜、スマホをずっと見てる
- ☐ いつ大をしたか覚えていない
- ☐ 歩くことがきらい
- ☐ すぐ電車で座るほうだ
- ☐ ネコ背くらいが可愛いと思う
- ☐ 靴は歩きやすさよりおしゃれ優先
- ☐ 夕食が豪華だ
- ☐ 太るとすぐ食べる量を減らす
- ☐ 食事は自分で作らない
- ☐ 自分の直感を信じるほうだ
- ☐ 掃除が苦手
- ☐ ノリがよく友だちづき合いが多い
- ☐ 秘密主義だ
- ☐ 素直じゃないとよくいわれる
- ☐ 彼ができたら、彼好みの女のコになりたいと思う

チェックした数の分だけデブマーキングしてみよう！

CHECK THE SEAT ▶▶▶

DEBUNO?

YASENO?

| 合 計 | デブ |

41～50コ
デブ脳 80%
いまはヤセることより、ストレスをためないこと
ほぼ完全にデブ脳化してしまったあなたは、食事も楽しくなくて、イライラすることが多いのでは?!ノンストレスダイエットで、脳を解放することからはじめてみて！

31～40コ
デブ脳 60%
あきらめるのはまだ早い！できることから改善を！
食べる誘惑に弱いあなたは、まず食生活を改善しよう。食べる量をそのままに炭水化物をぬくなど、少しの我慢があなたのダイエット熱を目覚めさせてくれるはず！

21～30コ
デブ脳 40%
このままだとデブ予備軍！体の燃焼率を上げよう
もし運動不足で冷え性の自覚があるなら、基礎代謝が低下して脂肪を蓄積しやすい体になっているかも。お風呂に入る、筋肉をつけるなど代謝を上げる努力をしよう。

11～20コ
デブ脳 20%
運動または、いつもの食事を見直してみよう！
食事バランスはいいのに…、運動してるのに…ヤセないあなたは、運動か食事のどちらかを正しくできていないかも。ヤセポで基礎を学べば、一気にヤセ脳に！

9コ以下
デブ脳 10%
体質も生活習慣もグッド！プラスの努力で美ボディに
適度に運動もできていて、食事のバランスもとれているあなたは、ヤセ体質になれる生活をおくれているよ。さらにもう少し努力するだけで、モデル体型も夢じゃない！

その2 ダイエットを苦しいと思わない！

高い目標を立てると、ダイエットを失敗しがち。だから小さなことからクリアして、自信をつけていってね！

03 慣れてきたら美意識を高める！

おしゃれさんになれば、自分に興味を持つからヤセやすくなる。ちょっとずつ気を使ってみて！

アロマオイルを使ってみる

グレープフルーツ / ローズ

バラの香りは食欲抑制、グレープフルーツはデトックス効果あり。お風呂に入れたり、マッサージに使ってみて。

休みの日はお出かけ

引きこもり＝消費カロリーが増えないどころか、食べちゃってデブが進んじゃうよ！

ピアスやイヤリングをつけるのは大事！

おしゃれに気を使う

アクセサリーはつけるだけで、キレイになりたい意識を高めてくれる。

ヘアメイクを変えてみる

鏡を見てヘアメイクするのもダイエットには不可欠。ちょっとした自分の変化にも気づけるよ。

ちなみに 外に出るようにするほど刺激を受けて効果的！
外にはいろんな人の目もあり、きちんとしようとする、いい緊張感を与えてくれるよ。

02 絶対にできることだけプラン立てる！

ふだんの生活のなかから無意識にできることが大事。もしできなくてもくじけないで！

気になる部分の脂肪をもむ

モミモミ

もむことで血行が促進されて、皮下脂肪の燃焼を助けてくれるよ。1日10分くらいでOK。

サイフにお金を入れない

コンビニなどでおやつを買っちゃうコに効果的。交通費くらいだけ入れておこう！

グルメ番組を見ない

食欲をそそる番組は、ムダ食べのスイッチがON。チャンネルを替えて阻止しよう。

よく寝る

22〜3時までのあいだはヤセを導く成長ホルモンが活性化するよ！

コンビニのお菓子コーナーは見ない

チェックのクセがあるなら要注意！ ムシできないならコンビニ禁止。

食べる前に考えてみる

口さみしいとか、なんとなくとか、おいしそうとか全部気のせいだから！

ちなみに もしできなくても次にできればOK！
その日できなかったからといって、すべて終わるわけじゃない。次の日で倍返し！

01 なんでもいいからダイエットをするきっかけを作る！

まずなぜヤセたいかを明確にすることが大事！ なんでもいいから具体的なイメージを持とう！

明確な目標設定を！

告白する！／人前に出る！／水着着る！

ポジティブな理由は成功率も高めてくれる。POPモデルに応募するのもオススメ！

ショックをあえて受けてみる！

失恋／ガーン／服が入らない…！／ゴメン／きっつー／太ったね

あえてまわりの人にきびしい言葉を求めるのも有効的。自分のサイズを測定するのも◎。

ちなみに 友だちにはダイエット宣言しないほうがいい！
まわりから監視されるプレッシャーが、ストレスになって失敗することも…。

こんなウチでも本当にできるの！？

ずぼら女子でもできる

マインド変

その3 ダイエットの基礎を覚える！

ダイエット検定に合格したみちょぱが、ダイエットの基礎中の基礎を伝授！ まずは食べることが大事ってんだから、意外！

ダイエットのことならウチにまかせなっ！

ダイエット検定修得!!

「ビタミンや野菜の大切さや、運動の必要性の意味がわかって、へーって思うことがたくさんあった」と、猛勉強して見事合格！

一．ダイエットは健康的に！

ダイエットにとって、食べないことがいちばんの大敵！

健康を壊しやすいダイエットは リバウンドしやすい!!

精神不安定／ケガが治りにくい／肌荒れ

栄養不足はリバウンドを招きやすい
栄養が足りないと筋肉が減少。基礎代謝が低下して、カロリーを消費しにくい体になってしまう可能性があるよ！

そもそもダイエットは"食事制限"という意味
食事療法ともいわれるくらいだから、食事しないなんて言語道断！ 食事をきちんと見直せば、健康的にヤセられるよ！

栄養不足になると怖いことに……！

健康的にヤセるには適度な運動と食事！
筋肉を減少させないためには、ダイエット中もしっかり栄養をとること。代謝アップのための運動することも大事だよ！

二．食事はタイミング！

大切な食事も、食べすぎはNG！ とくに夜は気をつけて！

夜は体が栄養貯蓄モード!!

眠っているときは代謝が下がってくる！
睡眠しているときは、昼間の半分近くまで代謝が下がっているよ。食べてすぐ寝ちゃうと、エネルギーを消化しきれないから気をつけて！

深夜の食事はダイエットの大敵！
夜は副交感神経が優位になっていて、体がエネルギーを吸収しやすいモードになっているよ。昼の倍以上の吸収率だから気をつけて！

夜に主食を食べるのはとくに危険だよ！
深夜、すぐエネルギーに結びつく糖質を多く含むご飯はひかえよう！ おにぎりって食べやすいけど禁物だよ！

三．適度な運動も忘れないで！

効率よくヤセるには筋肉も必要！ 軽めの運動でヤセ体質に！

運動で筋肉GET&脂肪燃焼!!

 無酸素運動
酸素を使わない筋トレなど瞬発力を使った運動のこと。基礎代謝を高めてくれる。

 有酸素運動
ウォーキングや水泳、サイクリングなど長時間ゆっくりできる運動のこと。20分以上が目安。

続けられる運動を継続的にしよう！
どんな運動でも続けられないと意味がないから、自分に合うものを見つけて、継続的にやっていくことが大事だよ！

筋肉がないとヤセにくい体に！
筋肉は活性化させたり増やしたりすることで、代謝が上がるし血行促進にもなるし、ヤセやすい体になってくるよ！

有酸素運動と無酸素運動をバランスよく！
簡単にできる有酸素運動と無酸素運動を取り入れることで、より燃えやすい体になれるよ。ムリせずできることをコツコツと！

ヤセる！Popteen　STEP3: 体質を改善する！

STEP 3 体質を改善する！

どんなにストイックにダイエットをがんばっても代謝が悪かったり、老廃物をため込みがちな体質じゃ効果が半減!!　まずは、代謝のいいヤセやすい体づくりをスタート★

ウンチを出して、腸をキレイにすればヤセ体質が手に入る！

Let's 便秘よバイバイ！ 腸活ダイエット

腸を整えればおなかがへこむ！　まずは自分の腸のことを知って、うんちを出せる体にしていけば、自然とヤセる体になっていくし美容にもいいことばかりだよ！

撮影／堤博之

教えてくれた先生
腸のスペシャリスト
齊藤早苗先生

米国でライセンスを取得。対馬ルリ子女性ライフクリニック銀座にて、7000人以上の便秘やポッコリおなかに悩む女性に、コロンハイドロセラピー（腸内洗浄）などをほどこし、腸ヘルスケアの指導を行う。『美腸やせ』¥1296／主婦と生活社

Point 1 ウンチを出しきるサイクルがヤセ体質をつくる！

消化・吸収・排泄のサイクルが順調だと、代謝が活発になってヤセ体質に。不要なもの出して、必要なもの吸収できる腸にしよう！

消化 → 吸収 → 排泄

すっきり〜

そもそも体の中ってどーなってるの？

Point 2 まだまだ体にうれしいことがいっぱい！

汗や疲れでも臭いの原因に！
体臭を防ぐ
暴飲暴食や体の疲れで、腸内に老廃物がたまると、体臭の原因になる可能性が大だよ！

腸内の善玉菌を育てましょう！
免疫力アップ
体を外部からのウイルスなどから守ってくれる免疫細胞。そのほとんどが腸に集まっているよ。

腸は第2の脳と呼ばれている！
ストレスフリー
やる気や幸福感につながるハッピーホルモン「セロトニン」。そのほとんどが腸内にあるんだとか。

顔は腸の映し鏡なんです！
美肌になる
便秘を解消すれば、腸内の善玉菌が増えて、悪玉菌がどんどん排出されるため、美肌にもつながる。

大腸
小腸から流れてきた食べ物から、ミネラルや水分を吸収。その残りカスからウンチをつくる働きをする臓器。

胃
食べた物を一旦ここに貯蔵して、胃液でドロドロのおかゆのような状態に。消化の第一段階が行われる臓器

小腸
ドロドロになった食べ物をさらに分解して、栄養分と水分のほとんどを吸収する。体の中でいちばん長い臓器。

こんなになってるんだ〜

アナタの腸内環境はどのタイプ？

自分のいまの状態を確認しよう。複数当てはまったコはすべての該当部分をチェックして❤

- ☐ 起床と就寝の時間が不規則
- ☐ 朝ごはんは基本食べない
- ☐ おなかが張っているかんじがする
- ☐ ストレスがたまりやすい
- ☐ コロコロとした便が多い

 3つ以上あてはまったアナタは **A type**

- ☐ 果物や野菜をあまり食べない
- ☐ おなかが痛くなりやすい
- ☐ 3日以上排便がないときがある
- ☐ 流行りものが好き
- ☐ 痛みを伴うほど硬い便が出る

3つ以上あてはまったアナタは **B type**

- ☐ 薄着のファッションを好む
- ☐ どちらかというと寒がり
- ☐ コロコロとした便が多い
- ☐ 便をしたあとに残便感がある
- ☐ 排便は2日に1回程度

3つ以上あてはまったアナタは **C type**

- ☐ 排便の頻度を記憶していない
- ☐ 激しい運動をすることは苦手
- ☐ 1人でいることが好き
- ☐ バナナ状か泥水状の便が多い
- ☐ トイレの時間が人より短い

3つ以上あてはまったアナタは **D type**

← タイプ分析は次ページへ！

Point 3 こんな生活は腸に負担がかかって太る原因に！

睡眠不足はガス腹になっちゃう！
ガスは腸の粘膜から吸収されて肝臓で解毒されるけど、睡眠不足だと腸内のガスの吸収力が落ちて、おなかにたまるらしい。

姿勢が悪いと下腹がぽっこりに！
姿勢が悪いと骨盤がゆがんで下腹が出てきちゃうよ。ねこ背にならず、腰をそりすぎず、まっすぐ立つことを心がけよう！

便意をガマンすると便秘になっちゃうよ！
女のコなら、おならや便意をついついガマンしがち。でも出すようにしないと、腸が鈍感になって便秘になるスパイラルにおちいるよ。

肉の食べすぎは腸がよごれておならが臭くなる！
肉やお菓子ばかりで偏食ぎみだったり、便秘ぎちだと腸の動きが悪くなって、古いウンチの臭いもそのまま出るから臭くなっちゃうよ。

Point 4 ウンチは体の中を教えてくれるバロメーター！

便秘になると口臭になっちゃうかも!?
便秘だと腸内の有害物質が体に吸収されて、血液で全身をめぐって肺から吐く息として出てくるから、口臭になる恐れがあるよ。

おへその右側がゴツゴツしたら宿便かも!?
便秘や少量のうんちしか出ない日が続くときは、自分の右手側の大腸部分にゴツゴツした宿便がたまっていることがあるよ。

理想のウンチをチェック！

におい	量	色	形
あまりにおわない	両手いっぱい	黄土色	やわらかいバナナ状

NGなウンチ	スッキリ感	時間	出方
ドロドロorコロコロ、色が黄土色以外、臭いがきつい	爽快感がある	2〜3分	力まずスルッと

Bさんは インナーコスメで改善

高いお金を払わなくたって、家にあるもので腸に大事な栄養素を十分に補給できるよ♥

デトックスドリンクを飲もう♥

ORANGE
オレンジとピンクグレープフルーツをIN。便意を感じやすくなるよ。皮はしっかり洗ってね。

RED
水にりんごとすいかをIN。すいかはきゅうりで代用可能♪むくみにくい体にしてくれるよ。

YELLOW
レモンとグレープフルーツをIN。クエン酸の効果で疲労回復。朝イチで飲むのがオススメだよ♥

GREEN
キウイとライムをIN。水を飲んだあとのキウイは食物繊維たっぷりなのでそのまま食べてね！

発酵食品を食べよう♥

ヨーグルト×ドライフルーツ
ヨーグルトにドライフルーツの食物繊維とビタミンをプラスして、腸内を活性化しよう♪

納豆×なめたけ
納豆だけじゃちょっと…ってコもなめたけを入れればマイルドな風味に早変わりするよ♥

甘酒×しょうが
飲む美容点滴=甘酒に、しょうがをすり下ろしたものを入れて体の内側から温まろう★

キムチ×プチトマト
発酵食品の代表格、キムチにトマトをトッピング。トマトのリコピンで美肌効果が倍増！

コレもオススメ
コンビニで買えるチアシード入り
ビタミンと食物繊維が豊富に含まれているよ★チアシードの食感で満腹感も得られちゃう♥ キウイ&フルーツ チアシード入り ¥179

毎日どれか1つを食事に取り入れて

Aさんは 朝&夜の習慣で改善

朝シャキッと起きることと、夜リラックスして体をOFFにすることで体内時計を正常に。

手作りハーブバスで反復浴をしよう♥

ハーブティー
タイム、ローリエなどスーパーで売ってるハーブを束ねてバスタブにINしてリラックス♥
乾燥ハーブの場合は刻んで布に包んでみて。入浴と休憩をくり返して副交感神経を高めよう。

ブケガルニ

コレもオススメ
ハーブの入浴剤で手軽にリラックス
ハーブのなかでもとくにラベンダーの香りは快眠に導いてくれるよ♥ サンハーブ バスパウダー ラベンダー ¥129

毎朝同じ時間に起きよう♥

朝を制すものはダイエットを制す!!
いつもよりほんの少し早起きして伸びをしたり白湯を飲んだりすることで腸をゆっくりと目覚めさせよう♥ 朝食で一日がんばれる活力を注入できるよ!!

朝することリスト
☐ 大きく伸びをして深呼吸する♥
☐ 白湯を1杯のんでリラックス♥
☐ 朝イチの尿をチェック♥
（濃い色の場合は脱水の証拠!）

腸をしっかりイメージで伸ばす♥

Dさんは 意識向上で改善

便秘の自覚がないタイプ。簡単な運動と排便の意識を身につけよう！

一日1回、排便を意識する時間をつくろう♥

ちょこっと前かがみ
座って前かがみになるだけで、排便スイッチがONになるよ。便意がなくてもトイレで一日1回実践を。

コレもオススメ
無料アプリで排便ペースを自覚
排便ペースや健康管理を教えてくれる。便の状態をメモすることも可能。お通じチェッカー無料／キュービック

排便に効くツボをプッシュして
トイレに入ったら親指と人さし指のつけ根の骨が交わる「合谷」を痛気持ちいい強さで数回プッシュしてみて。

プチ運動を日常に取り入れよう♥

ジャンプ
友だちと会った瞬間がオススメ。軽くジャンプすることで腸をゆらして刺激を与えよう！

ウオーキング
歩幅を大きめにして、手をしっかり振って歩くことで体脂肪が燃焼。1駅分歩いてみて♪

フラフープ
一日3分やるだけで腸によい刺激を与えられるよ♪ くびれも同時にGETできて一石二鳥★

スキップ
室内の場合、その場でスキップするだけでOK。リズミカルに腸を動かして活性化させよう♥

おはよー
立派な運動の上り下りだよ♪階段

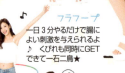

Cさんは 体温を1℃上げて改善

体温が1℃上がると免疫力も格段にアップ！基礎代謝も高くなっていいことずくめ♪

小腸もみマッサージをしよう♥

あお向けになり、おへそから指2本分外側を指で押しながら腸をリズミカルに回し押そう。

5周したら最後に指3本分外側の4点をより強い力で押そう。うつぶせで腸を伸ばし終了。

スタート
フィニッシュ

こんにゃく灸で腸をあたためよう♥

①湯せんで4分
市販のこんにゃくを袋ごと沸騰したお湯に入れて、4分間煮つめて十分に注意してね！じっくり温めよう♪

②
2つ折りしたハンドタオルにこんにゃくを包んで準備完了。やけどには十分に注意してね！

あお向けで20分
おへその上にこんにゃく灸を置き、20分間リラックス。熱い場合はタオルを2重にしてね。
おへその上

うつぶせで20分
続いてうつぶせに。腰のやや下の部分に置くと効果的。使用後のこんにゃくは食べてね♥
腰のやや下

コレもオススメ
下着に貼るだけで冷えを解消できる
ショーツに貼るだけで体が芯から温まり、余分な老廃物を流してくれる♥ 冷えを改善し代謝をUP。優月美人 よもぎ温座パット ¥189

脚の太い場所でわかる あなたの性格診断!

なんと、脚を見ればあなたの性格がわかっちゃう!
診断して次ページからマッサージを実践してみてね!

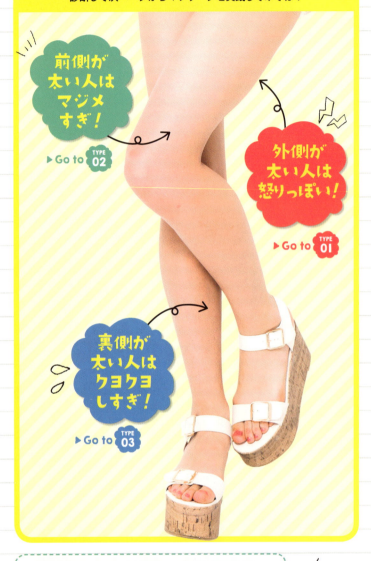

- 前側が太い人はマジメすぎ! ▶Go to TYPE 02
- 外側が太い人は怒りっぽい! ▶Go to TYPE 01
- 裏側が太い人はクヨクヨしすぎ! ▶Go to TYPE 03

ストレスをためると脚が太くなりやすい!?

イライラすることが多いと、筋肉や臓器が正常に機能しなくなっちゃうよ!

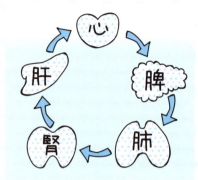

ストレスをためると筋肉がはり、むくみもたまりやすくなる! 臓器が正常に機能しなくなる要因にもなるので注意が必要!

イライラしないことが大事!

どうしてもイライラが制御できないなら、紹介する対処法を試してみて!

怒りは口に出して消滅!!
怒りの感情がうまれたら口に出すのが効果的。過去形で話すと、脳が終わったことと判断するので怒りも消滅。

ひじから下を水で流す
水は悪い気を流してくれる★ ひじから下を冷水で洗い流しながら、気持ちを軽くしていくのがオススメ♥

キャンドルをたくよ
キャンドルの炎は大気中の負のオーラや邪気を燃やす効果があるらしい。見た目もキレイでインテリアにもなるね♪

教えてくれた先生 Hanae先生
【THE BOOK】パリ本店Madame、aodachiセラピスト。2015年再びパリへ戻り、感情と表情に着目した新たなトリートメントの開発、施術を行っている。HP: thebook.com

『怒りっぽい人は脚が太い』
脚の太さは性格からきていた? 目からウロコの脚ヤセ術に感動の嵐。(¥1296/宝島社)

Let'S type massage!!

ストレスが脚を太くするなんておどろき! 自分がどの脚のタイプかわかれば、有効的なマッサージだけじゃなく、性格までわかっちゃうよ!
撮影/尾藤能暢

別ヤセマッサージ!

ヤセる！Popteen STEP3: 体質を改善する！

怒りパワーで太ももの外側が太くなる
TYPE 01 怒りっぽい人はこう!!

IRAIRA × DIET

太ももの外側には胆のうという臓器をつかさどる経路が！
怒りの感情は胆のうと関係があるから外側にはり出してきちゃうよ。

プレマッサージ

耳の前後からツボを刺激
指をピースにした状態で耳をはさみ、そのまま上下に動かすように耳の前後を刺激する★

CHECK! 内側が痛い!!

肝臓が弱っているサイン
脚を立てて座り、脚のつけ根とひざの間の中央よりやや上の部分を押して痛い人はコレ！

プレマッサージ

耳まわりから胆のうを刺激
両手の指を軽く開き、耳をおおうようにして指先を頭のてっぺんに向かって動かして刺激。

CHECK! 外側が痛い!!

胆のうが弱っている！
まっすぐ立って手をおろし、中指があたるツボを押して痛いならこのマッサージが最適★

② 親指のつけ根を押す★
足の親指のつけ根を手ではさみ、もみ込むように数回プッシュ。指の側面を刺激してね♪

① 足の親指をマッサージ♪
肝臓の流れの始まりである、足の親指を左右にねじったり、引っぱったりして刺激を与えるよ。

② 脚のつけ根も念入りに★
そのまま親指をお尻のほうに約5cmズラして、脚のつけ根あたりを全体的にもみほぐしていくよ。

① 骨盤の下のツボを押す
左右の骨盤の少し下にある、押すと痛気持ちいい場所を親指でグリグリとほぐすように刺激。

④ ひざの内側を刺激する
ひざの内側にあるツボは肝臓に効果があるよ★ 手の親指でしっかりとほぐしてあげること!!

③ 足の甲を順番に押す！
足の親指と人さし指の骨の間を指先から甲にかけて4か所、順番に押して刺激していくよ。

④ グーでリンパを流すよ♥
太もものツボを押したあとは、手をグーにして太ももを上下にマッサージ、リンパを流す！

③ 太ももを10か所プッシュ
太ももの外側には胆のうに効くツボがズラリ。厳密でなくていいので10か所親指で押していく。

⑥ リンパをグーで流す！
手をグーにした関節部分を太ももの内側にあてて上下に動かし、リンパを流していくよ★

⑤ 太ももを両手で押すよ
太ももの内側にあるツボを両手の親指を使って押す。10点ほど押すと、ほどよく刺激できる!!

⑥ ふくらはぎをマッサージ
ふくらはぎの外側には冷えに効くツボがあるよ★ 手をグーにしてひざ下全体を上下に刺激！

⑤ ひざ上をギュッとつまむ
ひざの少し上の外側を手で押しつまむようにマッサージ。筋肉のはりの解消に効果的だよ♪

⑧ 仕上げのマッサージ！
最後に脚の内側全体のマッサージをしよう。両手の手のひらでやさしくさすり上げればOK★

⑦ 脚のつけ根をほぐす♥
脚のつけ根から腰まで4か所のツボを刺激する。親指でしっかりとほぐしてあげること♪

⑧ 足の薬指は終着点★
足の薬指は胆のうの流れの終着点。指でさんでねじったり、引っぱったりすれば完了！

⑦ 足の甲のツボを押すよ！
足の薬指と小指の骨の間を指間から甲にかけて5か所、順番に親指でプッシュしていく★

イライラすると脚が太くなる!?

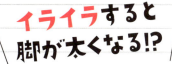  つまんで もんで プッシュして

IRAIRA MAJIME KUYOKUYO

ストレスフリー性格

TYPE 02 マジメっぽい人はこう!!

考えすぎると胃が弱くなって脚の前側が太くなる!!

  good!!

胃の経路は脚の前側を通っているから、そこがつまっている人は胃が不調。胃を病みがちなのはマジメできちょうめん！

プレマッサージ

顔のツボ押しで胃を刺激★
黒目の下から口の横にかけて4点をツボ押し。涙が流れている部分を意識して、押そう!!

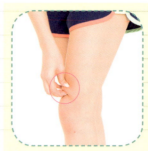

CHECK!

ひざ上の肉をつまむ！
立った状態のまま、手でひざ上の肉をつまんでみよう。2.5cm以上つまめたらこのタイプにあてはまるよ！

③ **ひざの皿をストレッチ**
ひざの皿のまわりに両手を置き、そのまま上下左右に動かして、やさしくストレッチするよ！

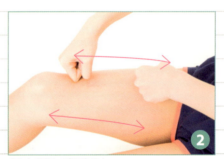

② **太もものリンパを流す♪**
手をグーにして、指の関節部分を使って太ももの前面を痛気持ちいいくらいのちょうどいい圧でマッサージ！

① **太ももの前側をつまむ**
脚のつけ根からひざにむかって、太ももの前側の肉を両手で少しずつつまみ下ろしていってね！

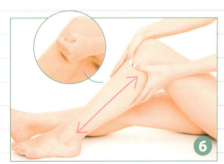

⑥ **すねの外側を流していく**
すねの溝に親指を引っかけるようにして上下に動かす。ツメの長いコは手をグーにして関節を使うと流しやすい。

⑤ **すねの外側のツボは万能！**
ひざの皿の下、すねの骨の少し外側のツボは胃腸の調子を整える効果があるから、親指でグッと押してほぐす★

④ **ひざの内側のツボ押し★**
ひざの皿の少し上＆やや内側にあるツボは血行促進に効果的！ここを親指で押して流れをよくする♥

MAJIME × DIET

⑧ **足の指の間をストレッチ**
足の指と指の間に手の指をはさみこんで、上下左右に動かして伸ばすよ。これでマッサージは完了！

⑦ **足首付近のツボ押し♥**
人さし指と中指の骨の間から足首にかけてのツボを5か所、ゴリゴリと強めの力でしっかりと押しほぐす。

ヤセる！Popteen　STEP3：体質を改善する！

TYPE 03 クヨクヨしやすい人はこう!!

マイナスな考えが腎臓を弱め、ふくらはぎがむくむ！

腎臓の経路はかかとからふくらはぎにかけて通っているので、マイナス思考で腎臓を弱めると、この部分に問題ぼっ発。

プレマッサージ

頭を押すのも効果的だよ♪
↑手を軽く開いて頭を抱え込むように置いて、髪の生え際から頭頂部に向けて指を押す★

プレマッサージ

眉間を押して腎臓を刺激！
→眉毛のつけ根は指で押し上げて、目頭は押さえるようにしてツボを刺激すると効果的♪

CHECK!

アキレスけんをチェック★
アキレスけんの左右のくぼみを指ではさんだときに、肌がたるんでいたら腎臓が弱っているサイン!!

 Fight

③ ふくらはぎのツボ押し
ふくらはぎの中央ライン上、ひざ裏とくるぶしの中間にあるツボを両手の親指で押す。むくみ解消に効果的♪

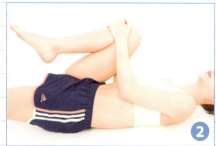

② 太ももの裏を伸ばす★
片脚ずつ両手でひざを抱えて、自分の上体のほうへグッと引き寄せる。太ももの裏のストレッチをするよ。

① 体の中心をもみほぐす
あお向けになり、グーにした手を骨盤の中心と床の間に入れる。お尻を動かして腰まわりを刺激するよ！

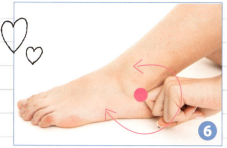

⑥ くるぶしのツボを押す！
外側のくるぶしの下にあるツボを人さし指の第2関節で刺激してから、そのまわりも時計回りにマッサージする。

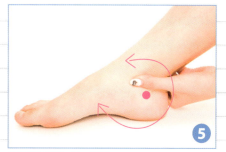

⑤ くるぶしをマッサージ♥
かかとの内側でくるぶしの斜め後ろにツボがあるので、この周辺を親指で時計回りに円を描くようにマッサージ！

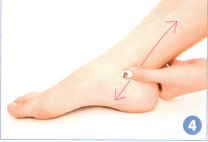

④ アキレスけんを流す♪
人さし指の第2関節と親指でアキレスけんの両サイドをつまんで、上下に動かして経路を流していくよ。

KUYOKUYO × DIET

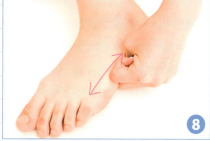

⑧ 足の側面までしっかり!!
手をグーにして、足の外側を人さし指と中指の間ではさみ、押しながら前後に流す♪　これでむくみスッキリ★

⑦ 足の裏をマッサージ！
足裏の、中心よりやや指のほうにあるツボを片手で押しながら、反対の手で土ふまずに向かって流していくよ。

シャワー中はムダに動く!
「少しでもカロリーを消費したいから、シャワー中はその場でかけ足する!」(美奈)

高温反復浴
「熱めのお風呂に10分間入ったら、一度湯船を出て3分休憩×3セット」(美樹)

自作サウナマスク
「湯船の中では脚とおなかにラップを巻いて発汗! 目と口のところを切った袋もかぶる」(美奈)

傘をさしてミストに!

「湯船で傘をさすと、蒸気がこもってミストサウナみたいになる。めっちゃ暑い!」(絢香)

呼吸を変えて汗を1ℓかく!

「3秒で吸って、7秒で吐ききる呼吸法を10分おきに3回ずつやってる」(凜)

コロコロでむくみ解消

「10分全身浴してからお湯を半分抜いて半身浴10分。筋肉がほぐれるお湯の中がマッサージに最適」(海里)

Happy Bath time!!

しっかりフタしてサウナ状態に
「約2時間半身浴をするからお湯がさめないようにフタは必須。湯船の中では歌ってる」(汐音)

フチを使って腹筋

「お風呂の時間を有効活用するために、湯船のフチに足をかけて30回腹筋してる」(春菜)

気合い入れる日はLUSH

「週に1回、ガッツリ半身浴するぞって日はテンションをあげるためにLUSHの入浴剤を入れるよ♥」(美月)

発汗アイテムで効果UP!!

「クナイプのバスソルトを愛用中♥ 汗がめっちゃ出るし、リラックスしてよく眠れる♪」(海里)

「燃焼系の入浴剤をいろいろストックしておいて気分でセレクト」(珠莉)

「塩の入った燃焼系のジェルで脚とおなかを中心に、全身マッサージをして洗い流す」(美歩)

お風呂で燃えやすい体をつくる!
毎日の習慣だから時間を有効活用して美活タイム!

基本的にはほぼ毎日入るお風呂タイムを、ダイエットに活かせたらラッキーだよね♥ 汗と一緒に老廃物を体内から出しきって、内側からキレイになろう♪ 汗で水分が出た分はしっかり補給して、脱水症状は回避してね!

撮影/蓮見徹

マッサージするときのPOINT

肌をまさつしない!!
肌をムリに引っぱったり、こすったりするとシワのもとに。奥の骨を動かすイメージで♪

力を入れすぎない!!
痛いくらいグイグイ刺激する必要ナシ。長時間やる意味もないので、適切な力と時間で◎。

動かす方向をチェック!!
正しい位置に動かすためにも、マッサージするときは鏡を見ながら、注意して行なおう。

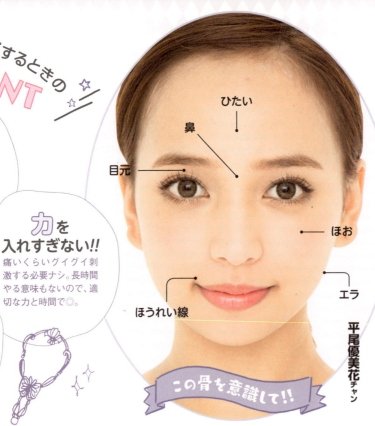

ひたい / 鼻 / 目元 / ほお / エラ / ほうれい線
この骨を意識して!!
平尾優美花チャン

おうちでできる整形級マッサージ!
30秒マッサージ

骨と筋肉、両方にアプローチする新しいマッサージ、「BBM(Beauty Body Make)セラピー」の簡単メソッドをご紹介!

教えてくれた先生

●beautyplanマスターセラピスト
小平芳弘先生
BBMセラピーを確立。表参道の人気サロン「beauty plant」のマスターセラピスト。

サロン紹介

beauty plant

○東京都渋谷区神宮前5の3の16のC Casa Del Rey Omotesando
☎03・6805・0886

唇
口角が上がっている女子はモテるらしい♥ ほおと一緒に口角もキュッとリフトアップ!

口角を引き、ほおのへこみに中指と薬指をあてる。耳に向けて10秒かけて引き上げる。

目
デカ目はメイクじゃなくてもつくれる!! 目の開きをよくして、パッチリキュートeyeになろう♥

中指と薬指を眉下の骨のキワ、反対の中指と薬指を目の下の骨のへこみにあて引き合う。

目の大きさが違うんです…
気になるほうだけで◎
左右の目の大きさの差が気になるコは、小さいほうにだけやれば大きさがそろってくる♪

ひたい
外国人のように、中央が高くて、まぁるいおでこだって、マッサージでモノにできるんです!!

❶ ハチが張ってるコは、出っ張り部分に手のひらの下部をあてて30秒ゆっくり圧をかけてね。

❷ 手をこめかみにあてて、垂直に圧力をかける。少しずつ後ろに手をズラし3か所を各10秒。

顔を小さくしたい!!

ヘアメイクで多少ごまかせるけど、毎日のケアでフェースラインをスッキリさせたいよね! 小顔になると全身のバランスもよくなるからがんばろう!

できる小顔になる方法!

撮影／尾藤能暢[P.50-52]、堤博之[P.53]

鼻

鼻スジのスーッと通った高い鼻は永遠の憧れ!!
ハーフ顔みたいなホリの深さを手に入れたい!

1 眉頭下のへこみに、右中指と薬指を上から、左中指と薬指を下からあてる。ゆっくり3回引っぱる。

2 鼻のつけ根を高く押し上げるように、斜め上方向に10秒力をかける。左右両側から行なって。

2 親指の腹で、鼻スジを押し上げるイメージで横から力をかけ10秒キープ。これも両側やる!

ほお

ほおの高さの目立たない、理想的な卵形の小顔をGET♥
たるみのないシュッとしたほおになろう!

1 ほおに中指と薬指を縦にあてたら、反対の手の中指と薬指を横向きにあてて、引き上げ20秒。

2 両手のひらを、ほお骨のすぐ下のへこんでいる部分にあて、10秒かけて耳方向に引き上げる。

3 さらに10秒かけて手をこめかみに向かってスライド。後頭部にお肉を集めるイメージで♪

フェースライン

エラやたるみのないシャープなV字ラインは小顔に欠かせない!! 2重あごなんてもってのほか!!

1 手のひらの下部をあご先にあて、机にひじをついたら、頭の重みを利用し、20秒力をかける。

2 ほおの下に中指と薬指をあて、クルクル円を描きコリをほぐす。10回やったら反対も♪

〜エラには!〜

3 左右のほお下のへこみに手のひらの下部をあて、耳前まで引き上げたら10秒キープするよ!!

ここまで

効果をあげるリンパマッサージ!!

1 机などの上に片ひじをついて力を入れやすい状態にする。あご先に親指のつけ根を押しあてる。

2 そのまま、あごのラインにそって、親指のつけ根を耳の下までゆっくりとすべらせるよ★

3 リンパ節のある鎖骨に向かって、親指以外の4本指をすべらせ、老廃物を流す。左右4〜5回!

4 最後にエラからあご先へ、ムダ肉をあご裏にしまいこむように親指を「く」の字に動かす。

ヘッドスパで**頭のコリ**を予防！

鎖骨を流してめぐりをよくする
心地いい力加減で外側に向かって5回鎖骨まわりをさする。老廃物が流れるよ。

全身の緊張をほぐす肩回し♪
老廃物がたまらないように肩をグルグル回す。前後各10回を目安に行なってね！

頭の筋肉のコリをほぐさないと、フェースラインのたるみにつながるよ！むくみも取れてスッキリする★

側頭筋／前頭筋／後頭筋

土屋怜菜チャン

頭皮をもみほぐしてコリを予防！ セルフヘッドスパ

頭皮マッサージが小顔につながるって本当!? そのしくみは、頭も顔も体は1枚の皮でつながっているから！

シャンプーしながらできる!! ヘッドスパ♥

頭がほぐれると表情筋もほぐれ、コリが取れて、血色もよくなる…なんていいことずくめ♪

① シャンプーを泡立てたら、おでこの生え際から頭頂部に向かってジグザグに5回指をすべらせる。

② 次に、こめかみから頭頂部に向かって指の力で引き上げるイメージでジグザグに5回すべらせるよ。

③ 耳のうしろから頭頂部に向かって同様に5回。ジグザグにするのはまんべんなく頭皮を洗うため♪

④ えり足の生え際から頭頂部に向かってジグザグ5回。この部分を洗えていない人が多いから要注意！

⑤ 指を交差するように置いたら、頭頂部をゴシゴシ。皮脂量の多い部分だからしっかり洗ってね!!

⑥ しっかり洗ったら次はマッサージ。生え際から頭頂部に向け、髪をかき上げるように頭皮を引き上げて。

⑦ 耳上の側頭筋をほぐす。親指以外の4本の指で、外回しに5回程度刺激しながら引き上げるよ。

⑧ 続いて、後頭筋をほぐすよ♪ 耳の中心の高さが目安。ここも5回外回しにして刺激してね！

⑨ ラストはツボの集まる耳まわりを刺激。耳を囲むように指を置いたら、グルグル外回しを5回。

うまくやるコツ

つめを立てない!!
頭皮を傷つけないよう、指の腹を使ってね。力加減は自分が気持ちいいと感じるくらい。

シャンプーは泡立てる
頭皮と指のまさつを軽減するためにも、シャンプーはしっかり泡立ててから行なおう。

ブラッシングしてから！
からまったまま髪を洗うとさらにからまっちゃう。ブラッシングすると血行促進効果も♥

モノマネ顔筋トレ

表情筋をとにかく動かしまくれ！

コロッケさんのモノマネって、じつは小顔トレーニングに効果あり！ってことで、ご本人直々レクチャーしてくれたよ！

教えてくれた先生　コロッケサン

きたえるほどハリが出て顔がたるまない！

表情筋はふだんの生活では約2～3割しか使われず、歳を重ねるほどおとろえていくよ。正しくきたえればたるみ知らずの顔に！

プロフィール
1960年3月13日生まれ。熊本県出身。ものまねレパートリーは300種類以上。テレビやラジオの出演はもちろん、コンサートやイベントも大人気！

トレーニング前にやっておこう！

エクササイズ中は鏡で顔をチェック
紹介しているステップがきちんとできているか、エクササイズは鏡を見ながら確認してやるのが基本。

エクササイズまえはたっぷり保湿しよう
肌が乾燥した状態でエクササイズをすると、シワが増える原因に。必ず保湿した状態で行なうこと！

"ぐるぐるケア"で顔のコリをほぐす
おでこ、目の下、ほほ、あごの顔全体を指でグルグルほぐそう！肌に負担をかけないようにやさしくやってね。

力加減やシワができていないか確認しよう
力の入れ具合や表情筋の動かし方をまちがうと、新たなシワができてしまうことも。必ず確認して！

五木ひろしサン風
下まぶたのたるみ、クマ、二重あごの解消！

照れは禁物だよ！

 **4**
薄目の状態から、太陽を見たときにする「まぶしい！」という目をすれば、五木ッぽくなれる♪

 **3**
つぎは意識を目に持っていき、下まぶたを上げるようにしてじょじょに目を細くしていく。

 **2**
下唇にも同じように力を入れ、口の中に押し込むようにして口をギュッと閉じるよ。

 **1**
口に神経を集中し、上唇に力を入れる。この動作をゆっくりと行ない、呼吸は鼻で続けて。

まぶしそうな表情にするのがポイント！

岩崎宏美サン風
ほおのたるみ、ほうれい線、首のシワ予防に！

美意識高い変顔！

 **4**
下まぶたを上げ、目を上に向ければできあがり。この動作はおでこのシワ防止にもなるよ。

 **3**
❷の状態から笑顔に！口角をしっかりと上げるのがポイント。ほっぺに効くのを実感。

 **2**
あごを少しだけ前に出して受け口に！首の下あたりの筋肉が張っていることを確認して。

 **1**
鼻の下を伸ばすようにして、口をちょっとだけ開く。エクササイズ中は鼻呼吸だよ。

アイーンじゃないよサラバ、ほうれい線!!

美川憲一サン風
ふだん使わない筋肉で顔全体のたるみ予防！

さそり座のちょ♥

 **3**
ほおの片側がつり上げられるイメージで、ほおを伸ばす。顔をグッと上げる感覚をつかんでね。

 **2**
目は下を向いたまま、口を「へ」の字形にする。口角を思いきり下げるのがコツだよ！

 **1**
斜め下を見るように、目線を下げる。とろーんとした目にすると、より美川ッぽいよ。

アンタうまいじゃない小顔になるわよ♥

リンパとジェルのダブル効果！
BibeeeeE! を使って美脚マッサージ！

脚ヤセといえば、リンパマッサージでむくみ取り。さらに大人気のBibeeeeE!ジェルを使えば、すぐ効果も実感できるよ！

美脚マッサージスタート！

① まずはぶどう1粒くらいの量を目安に、ジェルを手に取ろう。片脚にしっかり塗り込んでいくよ。

② ジェルに含まれている黄色いカプセルが、つぶれるくらいの力加減で太ももからマッサージ。

③ カプセルから出てきたら、液体をまんべんなく広げるように、上から下へマッサージ。

④ 次はアキレスけんにそって、脂肪を親指と人差し指でつまみながら、下から上へスライド。これを5回。

⑤ 両手を使ってぞうきんをしぼるように、足首からひざまで裏側をもみほぐす。必ず下から上へ、これも5回。

むくみがなくなって効いてるって感じる！

Bibeeeee! プレミアムストレインジェル

脂肪やセルライトに効果的！
ジェルに入っている数多くの有効成分が、直接働きかけて、脂肪の蓄積をブロック。

保湿も最強！
コラーゲンやヒアルロン酸などが配合されてて、もち肌になれちゃうよ！

むくみをとる！
老廃物の排出を促す代謝アップ成分のおかげで、むくみ知らずの体になれる！

問い合わせ先
株式会社グリッターイノベーション
☎050-5561-7346
(〒370-0073 群馬県高崎市緑町3の16の3・営業時間11:00～18:00)

徹底的に細くしたい！マッサージ＆ストレッチ！

夏こそキレイな脚でおしゃれしたい！ リンパマッサージで下地をつくったら、気になる部分を集中的にストレッチして、めざすはモデル脚！

撮影／野口允宏[P.54～55]、蓮見徹[P.56～57]

ヤセる！Popteen　STEP4: 気になるパーツ別にヤセる!!

★5 しっかり脚を伸ばしきることが大切！
1日20回

両腕を後ろの床についた姿勢で座り、ひざは曲げ足のひらは床につけない。ゆっくり脚を伸ばしたら10cmくらい浮かせてキープ。

♥3 脚を床につけずに上下させる運動！

あお向けに寝た状態で、脚をまっすぐ上に伸ばす。ゆっくりと脚を床のほうへ下ろしていき、床から30cmくらいの所でキープするよ。

1日20回

♥6 脚を左右交互に動かす。すばやいほど効果大！
1日20回

あお向けの状態で、脚を上げて左右交互に入れ替える。ひざは軽く曲げてOK。すばやくやると効果的だよ。

★4 脚を床につけずに曲げ伸ばしする運動！
1日20回

あお向けになり、脚をまっすぐ床から30cmくらい上げた状態でキープ。そこからひざを曲げて、太ももを体に引き寄せる。

ウエストヤセ編　筋力をアップして、骨の位置まで正しくカバー！

いつ見せてもいいブレ

美ボディーづくりの要！
骨盤矯正でくびれやすくする！

体のバランスを左右する骨盤を整えることで理想的なスタイルに近づける。最低3日続けることが大事だよ！

参考にしたのはコレ！

『3日で変わる！ 六山式くびれエクササイズ』
股関節を正すことでスタイルアップを叶える方法を伝授。
（¥1404／KKベストセラーズ）

1日3回でOK！座ってできる骨盤エクササイズ！

基本ポーズ

ひざを床につけて立つ。両肩は後ろに引き、両ひじも体よりも後ろに引く。両脚はハの字に広げてつま先は床につける！

1 前を向いてきちんと正座。背スジを伸ばし、両手は脚のつけ根に軽くのせ、肩はやや後ろ。

2 上半身を少し前に倒して骨盤を前傾。かかとにお尻と太ももの堺目がくるように意識する。

3 お尻を上げ、両ひざ下はハの字。股関節は内向きを意識しつつ、背スジをピンと伸ばす！

4 股関節内向きを意識しながら骨盤を前傾させる。胸は広げて、下を向かないように注意して!!

1 基本のポーズをとる。ひじを引き、顔は前を向いた状態でスタンバイしておいてね★

2 骨盤を前傾させたまま、息をはきながらお尻を落とす。背中が丸くならないように注意して！

NG

3 骨盤の前傾はキープしたまま、お尻が両脚の間に収まるまで落とす。そのまま5秒キープ♪

4 鼻で息を吸いながらひざを伸ばして基本の姿勢に戻る。①～④を15秒かけて3回行なう！

はくだけでOK！ ウワサの骨盤ショーツでながらヤセ！

はくだけで骨盤矯正されるって話題のショーツ、「DOPE SHAPE」。その効果はもちろんだけど、どの服を着てもジャマにならないから使えるって大人気なんだって！

どんな効果があるの？

- 内臓の動きをよくして、**新陳代謝**をアップ！
- 女性ホルモンを出し、**ヤセやすい体**に！
- ほどよい着圧で**下腹部**をスッキリ！

DOPE SHAPE

しっかりした着圧が骨盤のゆがみ調整だけじゃなく、パワーネットで下腹やお尻も引き上げてくれる。また計算されたサイズ感は、ローライズやショーパンからもハミ出ず、どんなファッションにも使えるよ！

DOPE SHAPE 🔍検索

ぜんぜん目立たないから、さらにどんなときでも"ながら"でシェイプアップできる！

ショッピング中でも

できるだけ速歩き＆大股だと効果的！

速歩きや大股歩きで、ふだん使っていない筋肉を刺激するよ。意識的に歩いてみよう！

カフェでおしゃべり中も

お尻の骨をイスに垂直になるように座る

骨盤が広がると下腹ポッコリしちゃう。カフェや授業中など、垂直になるように座ることを心がけよう！

ヘアのお手入れ中も

両脚すべて90度を意識して！

股関、ひざ、足首を直角にして関節を伸ばす。おうちでヘアメイクやテレビ見ながらできちゃうよ！

ネコ背!! O脚!! 体のゆがみ!! どんなにヤセたって 姿勢ブス矯正プ

倉田トレーナー直伝!!

まずは体全身をトレーニング

姿勢を改善するには、1か所だけ鍛えてもダメ。体幹、背中、太ももなど、全体を鍛えて、体の芯で体重を支えられるようになることが重要!!

姿勢改善 & ヒップアップ & 下半身シェイプ

④ ヒップリフト

ひざを直角に立てあお向けに寝るよ。脚の幅は10cmほど離し、ひざでボールかタオルをはさみ、つぶすように力を入れて。さらに下腹部をへこませ、背中から腰まですべて床につけるよ。そのままお尻を上げて、肩からひざまでが一直線になったら、お尻をしめ3秒キープ。

10回× 2～3セット

3秒キープ

① 体幹側屈

まずは体のワキ、胸郭のトレーニング。脚を肩幅に開き、頭の上で手のひらを合わせるよ。ひじを上に伸ばしてワキ腹が伸びてると感じたらOK。その姿勢のまま、左右にゆっくり倒していくよ。

10回× 2～3セット

太ももの内側と下腹のトレーニング

⑤

肩幅に脚を開き、姿勢を正して立つよ。ひざの少し上でボールをはさみ、ひざとひざをくっつけるように内ももに力を入れて。このとき、おなかもへこませるように意識するとより効果的!!

30秒× 2～3セット

② 背中のトレーニング

脚を肩幅に開き、まっすぐ姿勢を正して立つよ。両手を上に広げYのポーズ。おなかをへこませてから、ゆっくり腕を下ろし、Wのポーズ。肩甲骨を中央に寄せるイメージで。このとき、肩が上がらないよう注意して。

10回× 2～3セット

スクワット

脚を肩幅に開き、つま先はやや外側に開くよ。胸をはり、胸の中心でボールかペットボトルを逆さまにして支える。そのままお尻を下ろしていき、お尻がイスにチョンと触ったら、もとの姿勢に戻っていく。お尻を下ろすとき、背中とすねのラインが平行になるように、それとひざのお皿がつま先の方向に向くよう注意。

10回× 2～3セット

⑥

  平行に

肩甲骨のトレーニング ③

四つんばいになって、片手を頭の後ろにつけるよ。そのまま外側に体を開くように、頭につけた側の腕のひじを天井に向ける。このとき、もう片方の手は、床を押しつけるようにするとGOOD!!

左右10回× 2～3セット

改善ストレッチ!!

ネコ背を直したくて姿勢をピンとはっても1分もたたずに、また背中を丸めちゃってるそこのアナタ!! 背中だけを鍛えてもダメ!! 股関節をやわらかくして、骨盤の位置を正しく戻すとこからスチレッチしていこう!! このストレッチは順番通りに行うことが大事だよ!!

人は体の前側の筋肉はよく使いますが、背中側の筋肉はあまり使わない。だから、どうしても首が前に出て背中が丸まってしまいます。背中や股関節をストレッチすれば、美姿勢は取り戻せます!!

股関節の前側のストレッチ ④

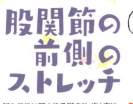

脚を前後に開き後ろ脚のひざは床に。前側の脚に体重をかけていき、股関節の前側を伸ばす。左右10〜20秒ずつ。ネコ背と関係ないように思われる股関節だけど、ここをやわらかくすることで、骨盤が正しい位置に戻され、結果、背スジも伸びるってわけ。

① 胸のストレッチ

まっすぐ立って、ひじが90度になるように壁に左腕をそえる。その姿勢から、上半身を右側に回旋させ、左の肩関節を伸ばすよ。呼吸しながらゆっくり10〜20秒伸ばして。反対側も同様に。

⑤ お尻のストレッチ

片脚をあぐらのように曲げ、もう片方の脚は後ろに伸ばす。このままでもいいけど、余裕がある人は、さらに体を前傾させて。痛気持ちいいくらいがGOOD。呼吸をしながらゆっくり左右10〜20秒ずつ。

② 肋骨のストレッチ

片方のひざを曲げて開脚の姿勢で座り、脚を曲げてるほうの腕を、脚を伸ばしてる側に倒していくよ。肋骨1本1本の間隔が伸びているイメージで、ゆっくり左右10〜20秒ずつ。

太ももの横側のストレッチ ⑥

あお向けになり、片方の足裏にかけたタオルの両端を片手で持ちながら、脚を前手に引き寄せる。その姿勢から、ゆっくりと引き上げた脚と反対側の脚のほうへ倒していくよ。このとき、ももの横側が伸びてると感じたらOK。左右10〜20秒ずつ。

③ 首のストレッチ

座りやすい姿勢(あぐらでも正座でもOK)で、右手を背中にまわし、左手を頭の右側にそえたら、手でゆっくり押すように首を左に倒していく。反対側も同様に10〜20秒。

今度は首の横、後ろを伸ばすストレッチ。両手で頭をささえ、左斜めに引き下げていく。反対側も同様に10〜20秒。ネコ背で首が前に出てる人は、コリや頭痛の原因にもなるので、よくほぐそう。

その2 バストまわりの筋肉をきたえる!

トレ1 つまりを流してバストに栄養を! リンパつかみ

2. つかんだまま腕を前に10回、後ろに10回とグルグル回す。反対側も同じようにしてコリをほぐす!

1. 4本の指と親指でワキのくぼみから胸にかけての厚みのあるところをしっかりとはさむようにつかむ。

テクが盛りだくさん。『おっぱい番長の乳トレ 日本一の美乳教室』朝井麗華著(¥1620／大和書房)

トレ2 背中&二の腕にも効いて一石三鳥♥ 平泳ぎ背筋

3. 最後に体全体をエビぞりにして10秒キープ。腕やひじは曲げず、足先も浮かせてしなやかに。

2. 腕を体の横にめいっぱい広げ、もとに戻す。このとき、脚も宙に浮かせて。5回くり返して。

1. ひじを曲げ、胸の前に手をもってくる。手や腕は床につけず、軽く浮かせた状態でスタート。

トレ3 大胸筋を鍛えてバストアップ!! 手のひらプッシュ

3. アンダーバストの高さでも5回ポンポン&10秒プッシュ。このときに二の腕の筋肉も意識して!

2. 腕を顔の前にもっていき、5回ポンポン&10秒プッシュ。大胸筋を意識しながらやると効果大♪

1. タオルを両手のひらではさみ、手をたたくように5回ポンポン押してから全力で10秒キープ。

その3 バストに向けてお肉マッサージ!

マッサ1 胸の土台を育てるくるくる運動★ バストくるくる

2. 逆の手の4本指で、バスト上部を内から外へ円を描きながら30秒かけてマッサージ! 逆側も同様に。

1. 片側の手を指をそろえた状態でバストの下に。ここを支えることで、バストがムダに動くのを防止!

1日3分のマッサージで美乳になれる♥ 『おっぱい番長の「乳トレ」』朝井麗華著／¥1404／講談社)

マッサ2 やわらかい質感へ導いてくれる♥ ろっ骨ほぐし

3. そろえていた指がバストトップまできたら、もう一度くり返す。片胸につき30回行なうよ!

2. もう片方の手をグーにし、第2関節の骨で逆サイドのワキからバストへとやや斜め上に向けてマッサージ★

1. 片方の手の指をそろえて、逆サイドのワキの肉をバスト側に集める。ギューッとしっかりと、がコツ。

マッサ3 あこがれの谷間を出現させる!? グー・パーすいな

3. 胸に正しい位置を覚えさせるように、手を開いてバストを支え、内側に寄せて30秒キープする。

2. ワキ下、バスト上部、バスト下部の順にしっかりほぐしていく。各10回ずつ、合計30回やるよ♪

1. 手をグーにして、第2関節の骨で外から内へ圧をかけて胸を寄せる。しっかりと力を入れてね!

その4 正しい下着選びで形のいいバストに!

教えてくれたのは ●Ravijourプレス 城山澄香サン

正しくするだけでバストアップ確実 正しい下着のつけ方

 AFTER /  BEFORE

ワイヤーと谷間がつながった、キレイなおわん形に変化! 胸の位置も高くてカンペキ♥

胸の付近のお肉が逃げて、谷間なし状態。ストラップが下がっているとタレ乳疑惑まで!

POINT ブラが斜めだったり、背中のお肉が食いこんでいたりするのはきちんとできてない証拠!

5. ブラは、横から見たときに下のラインがまっすぐになっているように気をつけるのが大事。

4. ストラップが肩に食いこまない程度に調整★キツすぎるとカップがズリ上がるので注意。

3. 引き上げたお肉はカップの中におさめる。背中のお肉も寄せてきてカップに。右も同様!!

2. 前かがみのまま、左のストラップとカップを浮かせ、右手でおなかのお肉を引き上げる。

1. ストラップを肩にかけ、前かがみの状態でバストをカップにおさめてホックをとめる。

ふわっとやわらかいのにプルプルしない

二の腕

35分でつくれる!!

POPモデルの平均 **21.6cm**

平尾優美花チャン

コレでダメ押し!!
フリルそでトップス
そでが少し広がるフリルタイプがオススメ。生地が2重になっているものも着ヤセ効果大♥

夏こそいちばんに気になっちゃう！
5分でできる 腕ヤセストレッチ！ 〜二の腕編〜

気になっているけど、いちばんヤセさせにくい二の腕。そんなプルプル腕も5分のストレッチで解消できちゃうよ！これで夏の半袖だってこわくなーい！

撮影／堤博之

その1 伸びをしつつ 5分内側ストレッチ

リフレッシュしたいときはコレ。ひじを反対の手で押して息を吐きながら二の腕の外側をゆっくり伸ばそう。両方伸ばしたら、胸を開いて腕を後ろに回しそのままバイバイする。数回くり返したるみにおさらば★

その2 水を飲んだ流れで 5分ダンベル

イスにひざと手をついたらペットボトルを持ってひじを直角に曲げてスタンバイ。500㎖、1ℓどちらでも◎。ひざを伸ばして腕を床と水平にしてね。このとき軸となるひじはイスにつけて動かさないように気をつけよう。

その3 DVDを見ながら 5分背面腕立てふせ

指先からひじを床について上半身を起こす。そのままひじを伸ばして手で体を支える。各30秒ずつキープするのをくり返して。

その4 壁ドンしつつ 5分壁腕立てふせ

壁に向かっていきおいよく両手ドン！そのまま腕で体を支えるように体重をかけて30秒キープしよう★
ゆっくりと上半身を倒して顔をギリギリまで壁に近づける。10秒キープしたらもとに戻って、数回くり返す。

その5 お風呂あがりに 5分マッサージ

クリームを塗った腕を外側に向けてマッサージ。片腕1分かけてじっくりと絞ってね♥

ひじからつけ根に向けてさすり上げる。外側も内側もまんべんなくリンパを流すイメージ。

最後はワキの下の骨の部分を強めにプッシュ！親指以外の4本指でグリグリと強めに！

進化した糖質制限で覚えるルールはたったの2つ！

超簡単ルール 2
ひと口入れたら箸を置き30回よくかんで食べる

ここが大事！ 満腹感を得るためには20分かかるといわれているので、早食いは禁物！ 口に入れてはよくかむを心がけて。

超簡単ルール 1
肉200g、卵3コ、チーズ120gを毎日食べる！！

肉・卵・チーズだとこんなかんじ！

これでダイエットになるの!? って思うボリューム感!!

いままでのダイエット食は…

カロリーを考えた食事はさっぱりおかずばかり…

ひもじい思いをしない！ 満腹になる!!

このダイエットなら、毎日肉200g、卵3コ、チーズ120gの高脂質・高たんぱく質な食材を優先的に食べることでおなかを満たしたし、余計な糖質が食べたいと思わなくなるよ！

コレでヤセるといいこといっぱい♥

GOOOOD!! これから
動物性の食品を重視して食べるからげっそりとした見た目にならずに、体が元気にヤセられるらしい♪

BAD!! いままで

肉はなんでもOK
牛肉・豚肉・鶏肉なんでもOKで、調理方法も問わないよ。ステーキでもハンバーグでもしょうが焼きでもいいって、ダイエットには革命的！

豚でも！ **鶏でも！**

チーズや卵を間食にしてもOK！
3食のほかに、おなかがすいてしまったときはさけるチーズやゆで卵など、コンビニで買えるものを間食にしてもOK！ ここで糖質のおやつを食べてしまうのはNG！

多いコは減らしてもOK！
ムリに食べるのではなく、あくまで肉・卵・チーズでおなかを満たすことが大切♪ どれかにアレルギーがあるコは、他2品を増量して対応してね。

太りそうな食べ物なのになんでヤセるの!?

糖質を避けるのではなくまず肉・卵・チーズで満腹に！

糖質を制限するのではなく自然に食べなくてすむようになる食事法。しかも人体にとって必要な必須栄養素のたんぱく質、脂質、ミネラル、ビタミンも、この3つの食材で網羅できちゃうよ。

土屋怜菜チャン

そもそも糖質制限ってなに？
太る原因の糖質をひかえるダイエット

糖質の過剰摂取により、体に脂肪の蓄積をおさえるダイエットのこと。食事は麺類やご飯、ケーキなどをひかえて、魚や豆腐、野菜などさっぱりしたものが中心。

糖質制限ダイエットの進化系！
お肉・卵・チーズを食べてヤセる！

絶対太ると思っていた肉、卵、チーズの3大食をおなかいっぱい食べてるのに、ヤセられる!? そんな夢のようなダイエットあるわけ……って、あるんかいっ！

料理制作・監修撮影／松岡朋理［P.75］ 尾藤能暢、堤博之［一部静物］

お肉・卵・チーズを使ったまんぷくヤセレシピ!

カリカリ油揚げの和風ピザ★

糖質制限しても食べられるジューシーなピザがあった!!

材料
Ⓐ油揚げ2枚、鶏もも肉150g、アスパラ1本、チーズ50g、レモン汁小さじ1、塩・こしょう少々、仕上げのり適量
◎マヨネーズ小さじ2、しょうゆ小さじ1
Ⓑアボカド1コ、ゆで卵2コ
◎マヨネーズ大さじ1、レモン汁小さじ1、わさび小さじ1/2、塩・ブラックペッパー各少々

油揚げを半分に切って熱湯をかけ、油抜きをする。油抜きをすると油っぽさがとれるよ!

1 アボカドを半分に切り種をとったら、スプーンでくり出して、ひと口サイズに切っていくよ。

4 アスパラは根元を切り、硬い皮はピーラーでむいてね。斜めに切り、さっと塩ゆでするよ!

2 マヨネーズとしょうゆを混ぜ合わせたものを先ほどの油揚げに塗っていくよ。これがピザ代わりに!

2 ゆで卵を4等分に切り混ぜ合わせた調味料とアボカドを合わせて完成。わさびがきいたサラダだよ♪

5 油揚げに鶏肉、アスパラ、チーズをのせてトースターで8〜10分、チーズが溶けるまで焼いて完成!

3 鶏肉を細かく切って焼き、塩こしょうをふる。余分の脂をふいてから、仕上げにレモン汁をかけるよ。

こくうまチーズソースのふっくらハンバーグ

濃厚なチーズソースがクセになっちゃう一品♥

材料
Ⓐ牛ひき肉150g、豆腐50g、卵1コ、みそ小さじ1、塩・こしょう少々
◎クリームチーズ40g、プロセスチーズ20g、牛乳大さじ3、塩・こしょう少々 マッシュルーム40g、エリンギ30g
Ⓑキャベツ20g、ベーコン2枚、卵1コ、コンソメ小さじ1、お水150g

豆腐をキッチンペーパーで包み、レンジで2分ほど加熱してね。これで豆腐の水をきるよ。

1 キャベツをひと口大に、ベーコンは細めに切っておくよ。卵はときほぐして準備しておいてね。

4 つけ合わせのマッシュルームを4等分、エリンギを縦に切ってハンバーグと一緒に焼くよ。

2 ひき肉、塩こしょう、みそ、卵、水をきった豆腐を加えてこねる。つなぎのパン粉は使わないよ♪

2 鍋に水とコンソメを加えて沸かし、切った材料を加える。卵を入れて軽く混ぜ、余熱で火を入れるよ。

5 チーズソースは材料をまぜ、耐熱容器に入れてラップをし、レンジで30〜40秒加熱して混ぜるよ!

3 形を整えて、油をひいたフライパンで焼くよ。ひっくり返したらふたをして弱火で蒸し焼きに!

とろ〜んチーズの肉巻きニンニク焦がししょうゆ

濃厚なうまダレとお肉の相性が最強〜♥

材料
Ⓐ豚バラ肉6枚、プロセスチーズ6枚、大葉3枚、塩・こしょう少々
◎しょうゆ・酢各大さじ1、みりん小さじ1、おろしにんにく小さじ1/2
Ⓑほうれん草40g、えのき40g、バター小さじ1、塩こしょう少々、卵1コ、とろけるチーズ20g
Ⓒキャベツ60g
◎マスタード、酢、オリーブオイル各小さじ1

1 豚バラ肉に、半分に切った大葉とプロセスチーズをのせ、クルクル巻いたら塩こしょうをするよ。

1 つけ合わせにそえたキャベツは、ひと口大に切ったらレンジで1分加熱して、水気をきってね★

1 ほうれん草とえのきを3cm幅に切り耐熱容器に入れ、バターをのせてラップをし、レンジ1分加熱。

2 フライパンに油をひき、クルクルと巻いたお肉の閉じ目から焼き始め、裏面も焼いていくよ!

2 マスタード、酢、オリーブオイルを混ぜ合わせ、先ほどのキャベツとあえたらつけ合わせの完成!

2 加熱後、塩こしょうであえたら卵を割り入れ、チーズをのせたらトースターで10分焼くよ!

3 調味料を混ぜ合わせてつくったタレを加えて、絡めて焼き上がったらⒶのチーズ肉巻きは完成だよ♪

1週間ガチレポート!

茂木みなみチャン
「ダイエットっぽくないメニューでびっくり。1週間がんばるよ♪」

DAY1
「1日目は豚肉からスタート。卵とチーズを合わせてチーズオムレツを食べたよ」

DAY2
「2日目の夜ごはんはハンバーグ♪ チーズはプロセスチーズがテッパンだよ!」

DAY3
「きょうのお肉は鶏肉の煮物! 夜は塾のあとで時間が遅かったから食べずに寝ちゃった!」

DAY4
「朝は起きるのが遅くて朝・昼一緒になっちゃった! 昼は豚肉、夜は鶏肉だよ♪」

DAY5
「朝からがっつりお肉も、抵抗なくなってきたよ! 夜は手羽先だった♪」

DAY6
「朝はチーズ焼きを食べるのも習慣になってきたよ★」

DAY7
「朝からステーキで昼は外食のハンバーグ! 夜は3つまとめてボウルサラダ風にしたよ!」

1週間でマイナス0.6kg!
「間食したいって思わないし、食事制限しているかんじがまったくなかったよ!」

1年中買えてお手ごろ価格
バナナはがんばるJKの味方！

温めると…
オリゴ糖が増加!!

便秘解消!!

内臓機能が整うから便秘解消の効果が♥ 便秘が解消されると美肌効果も上がるからいいことずくめ！

ホットバナナレシピ♥

温めることによってバナナの甘さがより引き立つよ★ 冷房で冷えた体にぴったりのあったかレシピをご紹介！

バナナ・ホットプリン

ヘルシーでおいしい！
ほっこり夜食にもGOOD

つくり方
1. ミキサーに材料をすべて入れ、なめらかなピューレ状になるまでよく混ぜるよ。
2. あとは、電子レンジのあたため機能でチン♥ 好みでシナモンをふりかけてもおいしいよ！

所要時間 **5分**

材料 熟したバナナ（皮をむく）…2本、牛乳…1カップ、バニラエッセンス…適量（香りがする程度）、シナモン…好みで

焼きマシュマロwithバナナ

野外BBQで気軽にできる即席スイーツ♥

つくり方
1. バナナの皮を下から上部だけむき、果肉を包丁でジグザグにカットしてね。
2. ★の具材をのせて下の部分だけ包み、焼き色がつくまでトースターで焼けば完成！

所要時間 **15分**

材料 バナナ…1本、★ミニマシュマロ…適量、★チョコレートチップ…適量

読モもつくってみた！

スイートバナナフライ
白石みれいチャン
「一口大にしたバナナをキツネ色になるまで揚げ、バターと砂糖、しょうゆ、みりんを煮詰めたシロップにからめたよ！」

バナナのシナモンソテー
小野海里チャン
「カットしたバナナをオリーブオイルで焼き目がつくくらいに焼き、シナモンをかけた！体もあったまったよ♥」

ホットバナナヨーグルト
竹内凛チャン
「ココナッツパウダーを混ぜたヨーグルトをバナナの上にかけ、刻んだクルミやアーモンドを散らしてレンジでチン★」

バナナ・ブリュレ

クリームを使わなくてもチキータバナナならクリーミー♥

つくり方
1. オーブンを200〜250℃に予熱。シートを敷いた天板にバナナを並べ、表面に砂糖をふる。
2. オーブンに入れ、表面が黄金色になるまで約10分。バナナが焼けたらできあがり♪

所要時間 **15分**

材料 バナナ（皮をむかず縦半分）…2本、砂糖…小さじ3

バナナ・クロックサンドイッチ

とろ〜りチーズとサルサが意外な名コンビ！

つくり方
1. ★の材料を軽く混ぜ、味塩コショウで味を調える（辛さがほしい場合は青唐辛子多めで）。
2. パンに軽くバターを塗り、♥と①の具材をはさんだらチーズが溶けるまでトースターで焼く。

所要時間 **20分**

材料 ★バナナ（皮をむきダイスカット）…1本、★トマト（種を取りダイスカット）…中1コ、★ワケギ（みじん切り）…小さじ4、★青唐辛子（種を取りみじん切り）…1本、★レモン汁…小さじ1、味塩コショウ…1つまみ、食パン…4枚、バター…適量、♥ハム…2枚、♥スライスチーズ…2枚

美活！

なんと、バナナがあればおいしく簡単に、体の内側からキレイになれちゃう！ 温めて&冷やして、バナナ効果を実感してみてね！

撮影／清水通広（f-me）［料理］、蓮見徹［人物］

今回使用したのはチキータ™「プレシャス」バナナ
きれいな水資源のもと、大切に育てられたプレシャスバナナは、クリーミーな口当たりと高糖度のリッチな甘さが特徴♥

バナナアートで遊ぼう♪
バナナの皮に押しピンで点描し、その変色効果で絵を描くアート。ウェブサイトでチェックして！
http://www.chiquitabanana-u.jp

アイスバナナレシピ ♥

スイーツ感覚で食べられるアイスバナナレシピはこちら！
アイスクリームみたいなのに美容にいいなんて神★

基本のアイスバナナのつくり方
① バナナは皮をむき、5mm幅の輪切りにしていく。熟したバナナがオススメ！
② バナナが重ならないように保存袋に並べて冷凍庫へ。保存期限はなんと約3か月！

バナナ

1 ダイエット効果バツグン!!
ビタミンB₁、B₂、B₆、葉酸など脂肪の燃焼を促進するビタミンB群が豊富に含まれているよ！

2 美肌になれる効果も♥
美容ビタミンといわれるビタミン群も野菜&果物のなかでもトップクラス！肌あれが改善される♥

3 疲労回復にGOOD!!
ブドウ糖や果糖のバランスがよく、即効性と持続性のエネルギー源になるので、栄養補給にピッタリ!!

⇩ 冷凍すると…

ポリフェノールが増加!!

マグネシウムやカリウムの働きも増加するから、体の"さび"を打ち消す抗酸化力のアップに役立ち、美容にいい♥

美容効果!!

冷凍バナナの朝食パフェ

バナナでクリーミー感UP 朝が楽しくなる～♪

つくり方
ヨーグルト、冷凍バナナ、ナッツ、好きなフルーツを順番に重ねればできあがり！

所要時間 **5分**

材料
冷凍バナナ…1本分、ヨーグルト…200g、カットフルーツ…適量、ナッツ（粗く刻む）…適量

なんちゃってアイスクリーム

盛りつけが楽しいアイデアレシピ♪

つくり方
冷凍バナナをお皿の上に並べ、ワッフルコーンをのせるよ。好きなフルーツで飾りつければ完成

所要時間 **5分**

材料
冷凍バナナ…2本分、ワッフルコーン…2本、好みのフルーツ…適量

読もも つくってみた！

冷凍バナナの朝食パフェ

チョコとバナナの相性◎！仕上げにはホイップを♥

つくり方
① ミキサーにバナナとチョコアイス、牛乳を入れてなめらかになるまでしっかり混ぜる。
② ①にチョコチップを入れ、再びミキサーをまわしてチョコチップが細かくなったら完成。

所要時間 **10分**

材料
冷凍バナナ…2本分、チョコアイスクリーム…1カップ、牛乳…2/3カップ、チョコチップ…1/2カップ、ホイップクリーム…好みで

冷凍バナナシャーベット

つくり方
① ミキサーに材料をすべて入れ、なめらかな状態になるまでしっかり混ぜてね。
② ボウルに①を注ぎ、冷凍庫にIN。1時間ごとにフォークでかき混ぜてかたまれば完成！

所要時間 **20分**（冷凍時間を除く）

やさしい甘さのアイスはおもてなしにピッタリ♥

材料
熟したバナナ…2本分、砂糖…1/4カップ、レモン果汁…小さじ1、水…1/2カップ

アボカドバナナスムージー
吉井柚華チャン
「アボカドと冷凍したバナナと低脂肪牛乳でつくったスムージー。1杯でおなかがふくれるし、美容効果もバツグンだよ♪」

チョコバナナホイップ
茂木みなみチャン
「冷凍したバナナにチョコソースとホイップをトッピングしただけ♪ 家でおいしいスイーツが簡単につくれるよ！」

アイスバナナヨーグルト
三角美夢チャン
「ヨーグルトに冷凍バナナとはちみつをON★ 美容にいい、きな粉も軽くふりかけたよ。おいしいうえに便秘にききそう♪」

便秘解消、美肌づくりに効果的！ 温めて 凍らせて **バナナDE**

ウチらの食べヤセレポート!

読者のみんながリアルガチでヤセた、最新の食ヤセ法をイッキ見せ! 後半はプロ級のダイエットレシピもご紹介!

脂肪燃焼派
野菜なら健康的だしいくら食べてもOK!

しょうがで体温を上げる!

「お風呂に入る20分まえにしょうが紅茶を飲む。冷えるから、さめたものは飲まない」(美樹)

寝るまえにスプーン1杯のはちみつをなめる!

「食べたときに分泌されるホルモンが脂肪燃焼を促進するんだって♪」(里奈)

「MixChannelのダイエット動画でこのテクを知って、いま実践中!」(亜海)

80/20ダイエット
2週間お試しか!
ミランダ・カーが実践している食事法♥

海外セレブが美を保つために取り入れている食事法。ガマンするだけじゃないから、続けられるみたい♪

やり方
1週間のうち80%は体にいいヘルシーな食事を心がけ、20%は好きなものを食べるシンプルなルール★ 5食に1回は自由に食べてOK。

「腹筋もできないし、ウオーキングしたら、翌日ひざがガクガクするくらい運動おんち」

水炊きなべ

「なべは低カロで満腹感もある! シンプルな水炊きをポン酢で味付けて食べるのがお気に入り」(蘭奈)

デトックススープ

「豆乳で味つけするとたんぱく質もとれてオススメ♥ 味つけを変えれば毎日あきずに飲めるよ」

つくり方
「パプリカ、セロリ、えのき、れんこん、にんじん、ピーマンを煮込んで味つけするだけ。トマトやコンソメなど好みの味で◎」(千里)

2週間レポート

1日目
「ヘルシーってフルーツとかサラダってイメージ! 絶対ヤセてやるんだから~!!」

2日目
「めっちゃおなかすいた~! でも、あしたは食べ放題に行くから、バナナやサラダでガマンしたよ!!」

3日目
「友だちとスイパラ。2日間ガマンしたぶんかなり食べたけど、だいじょうぶかな…」

7日目
「お正月はおせちをつまむ程度でガマンできた! 週に4回は約40分半身浴してたよ」

9日目
「少しでも脚が細くなるよう脚用サウナを購入!! むくみが取れていいかんじ~」

11日目
「生理のストレスでたくさんチョコ食べちゃって、80/20のペースがちょっと狂った」

12日目
「ディズニーシーに遊びに行くから、朝と昼はもやしやフルーツでカロリーセーブ!」

青汁派
最近は苦くないからいろんな食材に使える!

糖質の吸収を抑える効果あり♥

「食事の30分まえに飲むようにしてるよ。1日500mlの青汁を飲むために持ち歩いてる♪」(魅夕)

グラノーラの入れすぎに注意!

「夜ごはんの代わりに、ヨーグルトと青汁とグラノーラを混ぜて食べる! 便秘解消に◎」(彩香弥)

甘いヨーグルトに混ぜて食べる♥

「低カロですっぱくない"高原紀行ヨーグルト"に混ぜると青汁の味も気にならない!」(愛生)

オイル派
ダイエットだけじゃなく美容効果もある!

オメガ3が優秀♥

「中性脂肪を低下させる良質な油"オメガ3"を意識してとるようにした。青魚はオメガ3が豊富なんだよ♥」(菜々)

えごま油もオメガ3の一種。なんにでもかけて食べたよ(笑)。汗をかきやすくなった♥

1年かけて体質改善

BEFORE
「食べないダイエットで肌がボロボロになって、健康的にヤセる方法を考えた。運動はキライだからしなかったけど、1年で14kg減♥」

なんにでもココナツオイル

リバウンドから立ち直って現在-6kg!
「リバウンドで10kg太ってから、代謝を上げることを意識して、健康的なダイエットを実践してる」

「クッキーづくりに使ったり、みそ汁に入れたり! 冷え性が改善された♥」(玲菜)
BEFORE

-1.0kg!!

AFTER / BEFORE

ギント絵莉子チャン

	AFTER	BEFORE
身長	164.5cm	
バスト	79.5cm	77.5cm
ウエスト	60cm	64.5cm
ヒップ	90cm	94.5cm
太もも	46.7cm	47.5cm
ふくらはぎ	34.7cm	36cm
足首	22cm	22cm
体重	51.5kg!!	52.5kg!!
体脂肪率	20.4%	27.6%

「楽しみが待ってるってわかってても、友だちとの外食でガマンするのがつらかった。ガンバったかわりに体重落ちてなくて残念。太るのは簡単なのにね…」

撮影/尾藤能暢、蓮見徹

ヤせる！Popteen STEP5: 食事でヤせる!!

2週間お試しか！夜バナナダイエット

夜ごはんのまえに食べてカロリーを抑えるよ！

低カロで栄養豊富なバナナを食前に食べて、満腹感をGET★
便秘にも効果的で、美肌効果も期待できる♥

1日目

「炭水化物はあまり取らないように気をつけたよ！家で食べるときはヘルシーに♪」

毎日やったよ！
「外食のときは出かけるまえに食べたりして、2週間毎日なんとかやりきったよ!!」

やり方
夜ごはんの約30分まえにバナナを2本食べ、そのあと200mlの水分をとるだけでOK！ごはんの量を自然と減らすことができるよ♪

2日目

「外食のときは全部食べないようにしてた！バナナでおなかいっぱいっていうのもある」

5日目

「年末ってことで友だちと集まる機会が多くて、大変!!出かけるまえにバナナ2本」

7日目

「便秘が改善されて、お通じがよくなってきた！お正月も食べすぎには注意したよ」

8日目

「どうしても甘いものを食べたくなったら、洋菓子よりも和菓子！お正月だしね(笑)」

12日目

「夜ごはんはガマンできたけど、寝るまえにおなかすいたぶん、朝と昼でガッツリ食べたよ！」

13日目

「カフェのメニューによくある大きいサイズのサラダは栄養素もたっぷりでお気に入り」

+0.9kg!!

AFTER / BEFORE
中村実可子チャン

	AFTER	BEFORE
身長	166cm	
バスト	84.5cm	82.5cm
ウエスト	64cm	64.5cm
ヒップ	88cm	91cm
太もも	50.2cm	49.5cm
ふくらはぎ	31cm	31cm
足首	19cm	19cm
	50.9kg!! 体脂肪率28%	50.0kg!! 体脂肪率25%

カロリーはセーブできても、やっぱヤセないよ！ってバナナは果糖もたくさんあるし、ヤセないよ！って彼氏いないとダイエットがんばれない。今回の失敗のいちばんの原因だね。

置き換え派
ガッツリ飯好きな大食いタイプはコレ！

豆腐カルボナーラ

「ベーコンと水きりした豆腐をオリーブオイルで炒め、コンソメと塩・こしょうで味つけ♥」(珠紀)

納豆ハンバーグ

「納豆、長いも、卵、片栗粉を混ぜたものを、ごま油をひいたフライパンで焼いたよ♥」(美夢)

白米×こんにゃくまぜごはん

「こんにゃくを細かくしたら、1：1の割合でお米と混ぜて炊く！味も変わらないよ」(紗麗)

焼きそば風春雨

「焼きそばの麺を春雨に置き換えた！ツルッとして食べやすいし、満腹になるよ♥」(美夢)

good!!

まぎらわす派
ストレスにならないくらいが大事！

バニラの香りのリップを塗る

「甘いものを食べたくなったら、バニラの香りのリップクリームで、耐える」(彩香弥)

よくかんで食べる

モグモグ
「ひと口で30回以上はかむように意識。食事制限はしたくないから、習慣から見直した！」(桃江)

とりあえず寝る！

ZZZZ…
「休みの日はずっと寝てる」(栞)、「夜、おなかすいたら寝ちゃえばOK♪」(愛生)

サラダ派
食事のいちばん最初か、おやつ替わりに！

週3日はサラダの日

「体型キープのため、サラダしか食べちゃいけない日が週3日ある！」(聖月)

ごはんのまえにキャベツいっぱい

「塩・こしょうとごま油を混ぜたタレにつけると、いくらでも食べられちゃうんだ♪」(美月)

みんながリアルに試してヤセた、口コミダイエット！

「本当に効果があった」

口コミ 料理上手は、ヤセ上手！
おいしくヤセる低カロレシピ！

野菜、豆乳、鶏むね肉など使って、メイン級のガッツリ料理をご紹介！おいしく満腹になってヤセるなんて夢のよう！

撮影／尾藤能暢、蓮見徹

パプリカのこんもり肉づめ♥

豆腐を使ってカサ増し！ついつい山盛り♥

お肉がたくさん食べられるのがうれしい！簡単だからやってみてね！
吉井柚華チャン

材料
鶏むね肉100g、木綿豆腐200g、パプリカ3コ、かいわれ、ケチャップ×ソース適量

1 水を切った木綿豆腐と鶏肉をヘラでよく混ぜたら、もう1回水切り。

2 種を取ったパプリカに具をつめる。こんもりつめると見栄えがいいよ★

3 火が通るまで弱火で両面を焼き、ケチャソースを塗ったらできあがり♪

野菜もお肉もたっぷり 鶏むね肉のトマト煮

材料
鶏むね肉1枚、玉ねぎ1/2コ、パプリカ1コ、マッシュルーム1缶、トマト缶300g、塩、こしょう、A（塩小さじ1/2、こしょう少々、オレガノ小さじ1）

鶏皮をはがして1人分183kcal★

1 鶏肉の皮や脂肪を取り除いて4等分にしたら塩、こしょうをすり込んでおく。

2 パプリカは1cm角、玉ねぎはみじん切りにして、トマトは細かくほぐしておく。

3 オリーブオイルをひいたフライパンに①を入れ、両面に焼き色をつけて取り出す。

4 野菜を炒めたらトマトを加え、③を入れて5～6分煮る。Aを入れてさらに1～2分。

豆乳で低カロ♪エビグラタン！

しっかり味もついてるし、ダイエット中でも安心して食べられるよ！

古泉千里チャン

材料
ブロッコリー、かぼちゃ、玉ねぎ、エビ5尾、バター16g、豆乳1カップ、片栗粉5g、コンソメ1コ、カッテージチーズ

炭水化物は最小限！片栗粉でとろみを♡

1 かぼちゃをゴロゴロ切ってレンジで3分。ブロッコリーは塩ゆでする。

2 豆乳、コンソメ、カッテージチーズを混ぜ、片栗粉でとろみをつける。

3 玉ねぎのみじん切りをバターで炒め、エビに火が通ったら②と混ぜる。

4 ①と③を皿に盛り、カッテージチーズをのせ200度のオーブンで10分。

キャベツとベーコンのおなかいっぱいスープ

材料 キャベツ半玉、ベーコン1枚、玉ねぎ1/4コ、トマト1コ、塩、こしょう

食べごたえ満点で 1人分94kcal★

1. ベーコンスライスはハーフサイズなら2枚を1cm幅に。玉ねぎは薄切りにして。
2. キャベツはひと口大くらいの食べやすい大きさに、トマトは1cm角に切るよ♪
3. なべに水1.5カップと①と②を入れて強火にかける。煮立ったら中火で5分。
4. 塩、こしょうで味を整える。ベーコンにも塩気があるから味見しながら加減して♥

揚げものなのに低カロ！みんな大好きから揚げ

材料 鶏むね肉1枚、塩、こしょう、おろししょうが、A（しょうゆ大さじ1、おろしにんにく少々）、かたくり粉

衣を薄づきにしたら 1人分187kcal★

1. 鶏肉は皮と脂肪を取り除いてからひと口大に切って、塩、こしょうをすり込む。
2. なべに水1.5カップとおろししょうがが適量を入れて煮立て、①を入れて3分。
3. キッチンペーパーで②の鶏肉の水気をふき取り、Aをもみ込んで10分おく。
4. 肉の水気をよくふき取ったら、かたくり粉を薄くまぶして180度の油で揚げれば完成♪

バニラアイスみたいなフローズンヨーグルト

材料 プレーンヨーグルト400g、メープルシロップ大さじ3、バニラエッセンス少々

ひんやり甘くて 1人分68kcal★

1. ヨーグルトにメープルシロップ大さじ3杯とバニラエッセンスを少々入れるよ。
2. ゴムベラを使って全体を混ぜたら、均等に冷えるように平らにならしておくよ。
3. 冷凍庫に入れてじっと待つ。ここから完成までは3〜4時間はみておいてね♪
4. 1時間おきに取り出してフォークで全体を混ぜる。こうすることでなめらかに★

デザートには簡単牛乳寒天♥

材料 粉末寒天4g、水300ml、牛乳200ml、パルスイート大さじ2、好みでパイン缶

「さっぱり甘くてカロリーオフ。ひんやり夏にはぴったりのデザートだよ！」
中村実可子チャン

パルスイート使用で カロリー抑える!!

1. なべに水を入れて火にかけ、煮立ったら粉寒天を入れてかき混ぜる。
2. ボウルに移して牛乳とパルスイートを加えてよく混ぜ、型に注ぐよ。
3. 冷蔵庫で固まるまで冷やしたら、お皿に盛ってパインを飾れば完成!!

パワーの源だけど食べすぎは注意！ お肉類

タンパク質のお肉は食べたほうがいいけど、食べすぎれば太るよ！

437kcal

✧ ステーキ

もも肉やヒレステーキならカロリーダウンも可能。ちなみに輸入ものより国産のほうが高カロ！（200g）

カルビ —— 460kcal
タン塩 —— 260kcal
ロース —— 390kcal
ハラミ —— 340kcal

✧ 焼き肉

ヒレやももは比較的カロリーや脂質が低め。だけどたくさん食べるなら、ビタミンB群が豊富なホルモン系！（100g）

おいしさ最強、デブ率も最強！ ご飯めん類

デブの大敵、炭水化物の宝庫！ とくに夜、食べるのはひかえよう！

そば —— 304kcal
エビ天 —— 116kcal
油あげ —— 137kcal
わかめ —— 3kcal
天カス —— 89kcal

✧ そば

そばに含まれた水溶性食物せんいが、脂肪やコレステロールを排出。味つけに糖類が使われてるから気をつけて!!（1人前）

✧ パスタ

ハイカロリーな炭水化物代表・スパゲッティ。とくに危険なのは、カルボナーラ。麺類のなかでもNo.1の勢い!!（1人前）

ミートソース —— 713kcal
カルボナーラ —— 740kcal
和風 —— 583kcal

796kcal

✧ すき焼き

濃い味つけほどカロリー上昇！ 野菜も一緒にとって、バランスよく食べてね。オススメは春菊！（1人前）

620kcal

✧ しゃぶしゃぶ

低カロなイメージだけど、意外にも高め！ 豚肉を使えば、カロリーが低下するよ。タレはポン酢が◎。（1人前）

603kcal

✧ カレー

カロリーは高めだけど、カレーに含まれたたくさんのスパイスがヤセやすい体をつくってくれるよ♪（1人前）

✧ すし

日本が世界にほこるヘルシー料理・すしだけど、ネタによってカロリーが違うから注意！ 低カロなのは貝や白身魚だよ！（1貫）

マグロ —— 55kcal
エビ —— 50kcal
玉子 —— 63kcal
ツナコーン —— 75kcal
トロ —— 70kcal
サーモン —— 55kcal
イカ —— 45kcal
ネギトロ —— 56kcal
イクラ —— 80kcal

ハンバーグをリセット！

✧ ハンバーグ

439kcal

ひき肉に脂質が6割も含まれるけど、たんぱく質も取り入れられる。低カロにするなら赤身を使用して。（1人前）

ラーメンをリセット！

✧ ラーメン

しょうゆラーメン —— 480kcal
みそラーメン —— 550kcal
しおラーメン —— 470kcal

麺自体のカロリーは336kcal。トッピングとスープで数値が上がる!! スープは飲まずに残すのがベター★（1人前）

ゲーム

ネコ背は代謝が下がる原因に。下を見すぎると二重あごの危険もあるから姿勢に注意。

30分で40kcal消費！

2時間20分で200kcal消費！

ウオーキングをわざわざするのは面倒だけど、買い物はあっという間に時間がたつ♥

買い物

カラオケ

歌うことはカロリー消費に最適！ みんなで踊って盛り上がれる曲なら、さらに効果あり！

2時間で200kcal消費！

プール

この数値はクロールの場合。平泳ぎだと約半分で、149kcal。水の抵抗で筋肉も刺激★

20分で285kcal消費！

1時間で100kcal消費！

体が温まって血行がよくなるから、シャワーだけより湯船に入ったほうが健康にも◎。

お風呂

テレビを見る

CMの間に筋トレしたり、寝たままできる"ながら運動"でコツコツカロリー消費量を増やそう！

1時間で62kcal消費！

コトに！カロリー一覧表

カロリーってなに？

摂取カロリーを消費カロリーが超えると太る！

エネルギーの単位のこと。それを食べるとどのくらいのエネルギーになるかを表しているよ。糖質、脂質、タンパク質がエネルギーのもと。エネルギーが体内で消費しきれないと、脂肪として蓄積されて太ってしまうんだ。

摂取カロリー ＞ 消費カロリー ＞ 太る！

消費カロリーとは？

呼吸や体温維持のために使われる基礎代謝に、身体活動による消費カロリーがプラスされたもの。基礎代謝が全体の60％だよ。

基礎代謝量とは？

生命維持のために必要な最少の1日エネルギー代謝量。何もしなくても決まったカロリー量は消費されるってことだよ。

放課後メシの代名詞！ファストフード類

友だちと寄り道したくなったら、1つをみんなでシェアしよう！

マッ○のナゲット 280kcal
高カロリーの理由は大量の油であげること。ハンバーガーやポテトと食べると、一瞬で1000kcal超え!!（5ピース）

○だこのタコ焼き 557kcal
タコはよくかんで食べることで代謝がUP。高カロだけど、おなかにたまるから食べすぎ防止には◎。（8コ入り）

アメリカンドッグ 242kcal
小麦メインの生地であげているから、糖質＋脂質のWコンボをくらうはめになっちゃうよ！（1本）

チキン 250kcal
商品によって衣の厚さがいろいろ。衣の薄い、低糖質高たんぱくのチキンもあるから探してみてね♥（1コ）

キャラメルフラペチーノをリセット！

スタ○のキャラメルフラペチーノ 302kcal
生クリームたっぷりで、マジうま〜♥ もはやドリンクっていうかスイーツ的な感覚だよね。（トールサイズ）

寝る
ゴールデンタイムは0〜7時。成長ホルモンが分泌される夜中の2〜3時は必ず熟睡して♪
140分で100kcal消費！

掃除
床ぶきなど全身を使う動きだとカロリー消費量がUP。大掃除は面倒なものをすすんでやろう。
50分で100kcal消費！

なわ跳び
ボクサーをイメージして、つま先で跳ぼう！ できるだけ小さく跳ぶと筋肉量も増える！
15分で100kcal消費！

ついつい食べちゃう！菓子類

いきなりやめるのはムリだけど、高カロリーってことは忘れないで！

グミ 344kcal
原材料はぶどう糖、シロップ、砂糖など糖類のオンパレード!! ほぼ砂糖を食べているのと変わらない。（100g）

ケーキ
チョコ系、バター＆クリーム系は控えめに。チーズケーキや生クリームなしのタルトが低カロだよ♥（1/8ホール）

- ショートケーキ ──── 366kcal
- フルーツタルト ──── 272kcal
- チーズケーキ ──── 315kcal

チョコ 101kcal
アーモンドチョコは1粒24kcal！ビターチョコは、やや高カロだけど新陳代謝を高める効果も！（4かけら）

クッキー 22kcal
糖分と脂質を多く含有。カロリーを抑えるなら、おからを使って手作りしたりして工夫を。（チョコチップ1枚）

コンソメポテトをリセット！

- うす塩 ──── 337kcal
- のり塩 ──── 335kcal
- コンソメ ──── 335kcal
- 梅 ──── 321kcal
- バター ──── 322kcal

ポテチ
どの味を選んでも、すべて300kcalオーバー。さらに約1.5杯ぶんの油が入っているんだって！イッキ食いは自殺行為！（1袋）

電車で座る
背スジを伸ばし、骨盤を立てて座ろう！ 脚を組むのはゆがみにつながるのでNG!!
30分で31kcal消費！

メイク
鏡の前で姿勢正しく座って身じたくすれば、ますます消費カロリー量がUPするよ！
52分で100kcal消費！

ウォーキング
かかとから着地し、つま先でけり出すように歩くのが理想。競歩選手になったつもりで♪
1時間で200kcal消費！

放課後メシをなかった

ふだん食べてるもののカロリー知れば、減量もスムーズ！

毎日食べているものがどのくらいのカロリーで、どのくらいで消費できるのか気になるよね！ そんなみんなの身近にある食べ物と、すぐできる消費法を教えちゃうよ！

撮影／尾藤能暢　※数値はすべて編集部調べです。

ヤセる！Popteen STEP5: 食事でヤセる!!

みちょぱ・まゆちるの3日間置き換え酵素お試しか！

「どんだけヤセるの？」という、みんなの疑問にお応えして、みちょぱとまゆちるが3日間ガチで酵素ダイエットに挑戦！

みちょぱの酵素ダイアリー

この3日間、デブ食が多かったんだけど、ふつうに体型が維持できてるからすごい！男メシ好きなウチでも体型が変わらずにいられた！

① そのまま飲んでもぶどう味がするからめちゃおいしく飲める！ 基本食事は、ガッツリ系！（笑）

② 牛乳と混ぜれば満腹になるし、そのうえ飲みやすくてオススメだよ。この日は炭水化物盛り～！

③ 便秘とかに悩んでる人は、ヨーグルトとクレンジング酵素でダブルで効果を期待できちゃう！

まゆちるの酵素ダイアリー

3日間しっかり食べてたのにヤセてるからホントビックリ！いつものメニューで、ギリギリ体重をキープしてたのに、－2kgもヤセてておどろき！

① 水で割った酵素ドリンクを朝食にしたよ。おいしくて飲みやすいし、これなら続けられそう！

② そのまま飲んでもおいしい！この日はメイクのノリがよくて、酵素がさっそく効いたのかな!?

③ 牛乳割りもイケてる！この日は昼寝しちゃって食べてないけど、夜はラーメンでガッツリ！

飲むだけで体がキレイにヤセる！健康ジュースで体内
Healthy beverage

八木かなめチャンは（高校2年・身長169cm）
前半戦は運動、後半戦は食事制限

11か月で -10kg MAX 60kg / NOW 50kg

①マスクをしてランニング
しんどさを高めるために、マスクをしたまま、毎日2kmを走った!! これで1か月で-4kg!!

②運動のあとはコロコロ
運動のあとは、筋肉がつきすぎないように必ずリファで脚をマッサージしたよ。

③朝、夜、炭水化物抜き
朝はヨーグルト、夜はサラダで、お昼は好きなもの食べてOK。1食でも自由だと気分がラク。

④バタ足しながら全身浴
湯船の中ではバタ足やあいうえお体操をしながら、しっかり全身浴で45分!!

別れた彼氏を見返したくてヤセ活を決意!! リバウンドもあったけど、自分に合った方法を見つけて、体重よりも細い見た目を重視したよ。

ヤセたっていわれるたびにうれしさが増してった!!

今中亜羽梨チャンは（中学校3年・身長162cm）
つねに腹筋を意識しながら生活

7か月で -11.5kg NOW 45.5kg / MAX 57kg

①朝はフルグラ
朝はフルグラで、お昼は、給食をちゃんと食べて、夜は炭水化物抜きの生活!!

②食事前にCUT ME
停滞期中もCUT MEでキープ。おなかもスッキリしてきた気がする。食事前に飲むといいよ。

③筋トレ&ランニング
片道1時間チャリ通学にプラス毎日3kmランニング。さらに腹筋50回!!

④つねに腹筋に力を入れる
家で座ってるときも姿勢を正し、厚めの料理本をひざの間にはさみ、おなかと内股の筋トレ♪

一度、ヤセたときに油断して食べまくってたらリバウンド。さらに修学旅行中に3kg太り、男子に『おもしろいこといえや』っていじられて悔しくてヤセ活再開!!

ヤセたら、まわりに女のコ扱いしてもらえた♡

なぎっぺチャンは（17歳・身長158cm）
食事制限とロングブレスダイエット

1年間で -11kg NOW 45kg / MAX 56kg

①食べ順ダイエット
朝、昼は制限なしで、夜は炭水化物抜き。毎食、サラダを必須で、つねに野菜から食べる。

②ロングブレスダイエット
とくに運動はしてなくて、息をゆっくりすべて吐き出す方法で、くびれができたよ♥

③ワンサイズ小さい服を買う
いつかは着れたい小さめの服を買って、眺めることでやる気を奮い立たせてた!!

友だちからヤセたら可愛いのにっていわれてがんばった。ダレノガレさんみたいになりたい!!

中尾みずきチャンは（中学校2年・身長152cm）
自分のコンプレックスをガン見!!

1年間で -6kg NOW 35kg / MAX 41kg

①髪を結んで丸い顔を意識
家にいるときは髪を結んで、丸顔をさらしてた。自覚することでダイエット意識を高めるの♪

②ハードな筋トレ
YouTubeで見た、ハードな腹筋を参考にしたよ。身長を伸ばしたいからストレッチも+。

③反復浴&半身浴
全身浴で肩までつかって3分。洗い場で3分休む×3セットと。30分の半身浴を追加。

深夜のラーメンをやめていまは体型キープ中♪

ダイエット中、嫌になったときはPOPを読んで『これに載りたいから、がんばってるんや!!』って気合いを入れたよ。

山田涼子チャンは（高校1年・身長160cm）
小顔マスクとコラーゲンで美ヤセ

5か月で -8.5kg NOW 39kg / MAX 47.5kg

①アプリでカロリー制限
楽々カロリーってアプリで1000kcalを超えないように毎日計算したよ。

②筋トレ&ランニング
先生に指導を受けて一日4kmを15分で走ってた。腹筋や体幹トレーニングも追加して、シメにSKE48を踊りまくる!!

③プロテイン&コラーゲンを投入
停滞期中に断食したけど肌が荒れるだけで効果はなし。コラーゲンを投入し、筋トレまえにプロテインも飲んだよ。

④小顔マスクしながら半身浴
体がヤセてきたら顔の大きさが目立ってきた。半身浴中に小顔マスクで引きしめたよ。

太りにくい体質だと信じ込んでたら、気づいたらおデブちゃんに!! 学校にダイエットに成功した先生がいたから、いろいろ教えてもらったよ♪

いまはヤセ活が習慣化!! 体型キープも苦じゃない☆

ヤセる！Popteen STEP6: ガチヤセしたコに方法を聞く!!

じゅりあんぬチャンは(18歳・身長155cm)
ストレスもお金もかけずにヤセる

1年6か月で -8kg
MAX 51kg / NOW 43kg

① 食事まえに水を500ml
食前にお水でおなかを満たしておくと、ドカ食い予防になるよ!!

② 炭水化物は一日1食
朝はパン、お昼は野菜多めの小さなお弁当、夜は豆腐やもやしでガマンした。

③ 週に1度は食べまくりDAY
いつもごはんをガマンしてるので、週に1度は何を食べてもOKな食べまくりDAYをつくった!!

④ エクササイズはポニテでテンション高く
速歩きでお散歩にエアフラフープにエア自転車こぎ。お金をかけずポニテで気分だけは上げる。

JKになったら彼氏ができると思ってたらできなかった。ヤセたおかげで、アンパンマンはもう卒業!! 大学では京大に通う彼氏をGETするぞ!!

ななみチャンは(16歳・身長168cm)
酵素置き換えとボクササイズ

2年間で -12kg
MAX 62kg / NOW 50kg

① 夜ごはんを酵素に置き換え
朝はパン、昼はガッツリ。夜は、酵素ドリンクで置き換え。これで4日間で4kgヤセたよ。

② 運動は毎日の習慣に
なわとび＋エアロバイクとレッグマジック、腹筋50回、脚上げ20回。最初はキツイけど慣れたら平気。

③ リファで脚をコロコロ
毎日、1時間のウォーキングもしてたから、そのあとリファで脚の疲れをマッサージ。

④ ボクササイズ
外で運動できない日は、『ex a body』っていう20分のシャドーボクシング。かなりキツイ!!

⑤ 伸びるゴムで二の腕を筋トレ
伸びるゴムを体の後ろで伸ばすと、背中と腕に効果あり!!

にこるんの体型めざして毎日、鏡で全身チェック!!

いつかは、雑誌の専属モデルになりたい!!

努力してるにこるんを見て、自分も変われると思ったのがキッカケ。お母さんのお古のダイエットグッズが集まってくるので、アイテムには困らない!!

りんめろチャンは(15歳・身長159.5cm)
たくぽんへの愛の力でダイエット

3か月で -5.1kg
MAX 53kg / NOW 47.9kg

たくぽんに認めてもらうために少しでも美スタイルになりたい!!

たくぽんに「ヤセるまで会いにくんな」ってCASでいってもらってがんばった!!

① 大好きなたくぽんにデブっていってもらう

② 脂肪燃焼スープでおなかを満たす
朝、昼は好きなものを食べて、夜はおかずを少しとトマトの燃焼スープ。満腹感もあり!!

③ 胸キュンしながら運動
ケータイで15分間気にいくらい、たくぽん情報を見ながらフラフープ。そんなにムリはしないよ。

④ 10cm以上のヒールでとにかく歩く
ヒールはくだけで疲れるし、夏場だとそれだけで、体重が落ちてることが多かった。

⑤ おなかが減ったら寝ちゃう
家にジッとしてるといろいろ食べたくなるから、夜は早く寝て、お昼はお出かけしてひまな時間をつくらない。

CASでたくぽんを見て、あの笑顔にひと目ボレ。それからイベントでたくぽんに会うために、少しでもヤセようと日々がんばってるよ♥

mamiチャンは(16歳・158cm)
ビフォーアフター撮りまくってテンアゲ!!

半年で -15.6kg
MAX 66.5kg / NOW 50.9kg

ふられた元カレとヨリを戻したくてがんばったよ。つらいときは、ツイッターで仲間とはげまし合ってた!! いまではヤセ活を楽しんでます♥

① 一日1000kcal以下のワンプレート
野菜5割、おかず3割、主食2割のバランスで、夜7時半以降は食べない!!

② 水泳＆腹筋
週4の水泳と一日5kmのウォーキング。あと、腹筋＆背筋を30回ずつやったよ。

③ 3曲歌いながらマッサージ♪
爆汗湯を入れて高温反復浴。風呂あがりに好きな曲を3曲歌い終わるまでマッサージ。

同じ格好で撮ってヤセ具合をチェック

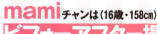

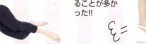

ヤセる! STEP6: ガチヤセしたコに方法を聞く!!

りほぴょんチャンは(20歳・身長165cm)
乙女エクササイズで美脚

3か月で -10kg

①一日1200kcal以下で20時30分以降は飲食禁止
空腹が限界になったら豆腐などを食べてた。でも、ガマンしすぎは体と心に悪いからNG。

①いちばん太いところをマッサージ
ただ、やみくもにマッサージしても意味はないの。鏡で見て、ここを落としたいなってところを手で固定して、その部分の脂肪を集中的にやわらかくするといいよ。

②ジュースはNG。つねにさ湯を持ち歩く
さ湯は代謝が上がって血液もサラサラになるらしい。水筒で持ち歩いてこまめに飲むよ。

③高温反復浴で発汗
肩までつかることで、心臓に負担がかかって運動したような状態になるよ♪

④エクササイズはハードなものより可愛いらしさ重視
ハードな運動は続かないので、寝転びながら、かかとをリズムよくお尻につける乙女エクササイズやアイドルのダンスで楽しく♥

MAX 55.5kg / NOW 45.5kg

パフュームの3人みたいな美脚をめざしてます♥
こう見えて運動中♥
ダイエット垢で、がんばってるダイエッターさんたちと交流して刺激をたくさんもらって続けられた。ダイエット知識を増やしていくのが、もはや趣味♥

益田優衣チャンは(14歳・身長150cm)
カサをさしながら半身浴!!

半年で -6kg

①冷蔵庫の張り紙で自分に喝
リビングと自分の部屋と冷蔵庫に「食べるなデブ!」とか書いた紙をたくさん貼って食欲と戦ってた。

②とにかくゆっくり食事する
炭水化物抜きで、ヨーグルトと野菜を多めに。30回以上かみ、ゆっくり食べることで満腹感をUP。

③お風呂はカサをさして発汗UP
カサをさしながら湯船につかってるとサウナ状態になって10分入るだけで、滝のような汗が…

MAX 43kg / NOW 37kg

食べないダイエットは危険、食欲との闘いはつらかった
彼氏にふられたショックで、ヤセて可愛くなろうって決意。ヤセたら、ひとえからふたえになって顔まで変わった!! 将来は、ゆらゆらみたいなモデルになりたい。

ちゃんちなチャンは(19歳・身長163cm)
体重制限でポニーに乗れなかった

2年間で -30kg

①朝、夜は炭水化物抜き
白米はおかゆにして、少量で満腹感をGET。あとオクラや赤身の肉もとるようにしたよ。

②音楽に合わせてトレーニング
腹筋、スクワット、なわとびを好きな曲1曲ずつローテーションでやると楽しいよ。

③こだわりの入浴剤で反復浴
反復浴以外にも、高温のお風呂に10分間ふたをして入るのもやってた。

MAX 78kg / NOW 48kg

動物園で友だちとポニーに乗ろうとしたら60kgの体重制限で乗れなかった!! さすがにマズイと思ってダイエットを決意!!

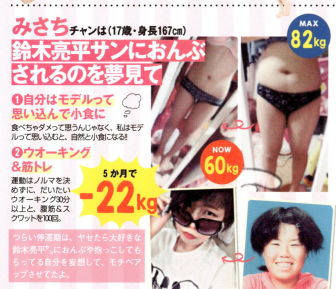

みさちチャンは(17歳・身長167cm)
鈴木亮平サンにおんぶされるのを夢見て

①自分はモデルって思い込んで小食に
食べちゃダメって思うんじゃなく、私はモデルって思い込むと、自然と小食になる!!

②ウオーキング&筋トレ
運動はノルマを決めずに、だいたいウオーキング30分以上と、腹筋&スクワットを100回。

MAX 82kg / NOW 60kg / 5か月で -22kg

つらい停滞期は、ヤセたら大好きな鈴木亮平サンにおんぶや抱っこしてもらってる自分を妄想して、モチベアップさせてたよ。

KARENチャンは(18歳・身長152cm)
食事制限せずにヤセる

半年で -6kg

①ムリな食事制限はしない
食事制限はいっさいしなかった。むしろ、3食しっかり食べたほうが基礎代謝がUPする!!

②運動は体が温かいうちに
お風呂とかで筋肉を温めてからのトレーニングが◎。キツいぶんヤセるといい聞かせたよ。

③ボニックで美脚ケア
30分毎日、ボニックで脚をケア。ウエストヤセにはフラフープが効いた!!

NOW 42kg / MAX 48kg

食事制限はガマンできないし体によくないし、体重が落ちるわけでもなかった。私は、腹筋やフラフープで十分ヤセられたよ!!

ぶっちゃけ 減量に成功したダイエッター55人にアンケート!!
何がいちばんヤセるの!?

ダイエットのキッカケから、グッズまで、みんなのアンケート結果をランキングにしてお届け!!

部分ヤセ部門
毎日コツコツストレッチが効果的!!

脚
- 1位 エアチャリ … 8人
- 2位 リンパマッサージ … 7人
- 3位 足パカ … 4人

脚を持ち上げた状態での自転車こぎは、血流をよくしムクミ予防にも◎。テレビを見ながらとか、ながらでできるのもいいって意見が多数。

ウエスト
- 1位 フラフープ … 10人
- 2位 ひねり腹筋 … 8人
- 3位 バランスボール … 4人

フラフープのくびれ効果は最強!! 腹筋もひねりを加えたり、腰を回すという動作が、くびれをつくるにはやっぱり大事みたいだよ♪

FUMチャンは足首を回して美脚をGET

「足首回しは、回すだけで足首が細くなります!! 私は22cmあった足首が、わりとすぐに18.5cmに!! あと踏み台昇降もオススメだよ」（FUM）

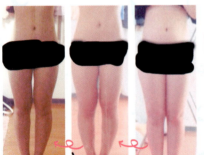

ダイエットのキッカケ部門
悔しさをバネにしてヤセたコが多数!!

- 1位 友だちや親にバカにされた … 10人
- 2位 好きな人にいわれて … 6人
- 3位 会う人会う人に「太った?」っていわれて … 4人
- 4位 いままで入ってた服がキツくなった … 4人
- 5位 元カレとヨリを戻したくて … 2人

バカにしたヤツらを見返してやる!! って気持ちがいちばんの原動力。あと、好きな彼に「もう少しヤセたら?」っていわれたパターンも多かったよ。

憧れの体型部門
ガリガリは魅力なし、健康的な体が目標!!

- 1位 みちょぱ … 6人
- 2位 にこるん … 4人
- 3位 ダレノガレ明美 … 3人

「あの割れたおなかが目標!!」とみちょぱのくびれウエストにはダイエッターたちも大注目★ ガリガリよりメリハリBODYが人気。

「ダレノガレのむかし太ってたとは思えないいまの体型はスゴイ!!」（まなみん）

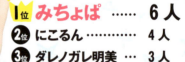

ダイエットグッズ部門

入浴剤
- 1位 爆汗湯 … 8人
- 2位 美汗SPA … 5人
- 3位 ゲルマバス … 3人

「爆汗湯と脂肪分解酵素配合の岩塩プラスがオススメ」（ちゃんちゃ）入浴剤はとにかく発汗作用が大事。

燃焼系&腸にやさしいものがランクイン☆

サプリ系
- 1位 DHC フォースコリー … 5人
- 2位 カロリミット … 4人
- 3位 CUTE ME … 3人

「いろいろ試した結果、フォースコリーがいちばん効果があった」（瀬里奈）

「CMでもおなじみ。誘惑に負けて甘いものを食べるまえのお助けサプリとして愛用。」

「継続して飲むとおなかがスッキリする」とJKの間でクチコミで広がった!!

フード
- 1位 R-1 ヨーグルト … 4人
- 2位 フルーツ青汁 … 3人
- 3位 ココナツオイル … 2人

ヨーグルトダイエットするコたちから圧倒的人気。腸の調子もよくなるし味も好評だった。

栄養を考えて青汁を飲むコが多数。豆乳やトマトジュースに混ぜたり、飲み方はいろいろ。

「ココナツオイルをミルクティーに混ぜて飲むと体が芯から温まるよ」（mami）

脚ヤセグッズ
- 1位 BibeeeeB … 4人
- 2位 メディキュット … 3人
- 3位 レッグマジック … 2人

マッサージに必須の燃焼系ジェル。脚だけじゃなくウエストに使ってるコも多かったよ。

定番のメディキュットは、2枚重ねではいて、さらに締めつけを強化させてるコもいたよ。

「ママが買って、親子でエクササイズ。内股に効いて、太ももが細くなるよ」（ななみ）

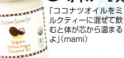

食事ヤセ部門

- 1位 夜、炭水化物抜き …21人
- 2位 腹八分目 …………… 7人
- 3位 30回以上かむ ……… 6人
- 4位 カロリー制限 ……… 5人
- 5位 3食しっかり食べる … 4人

いちばん多かったのが、朝、昼はふつうに食べて、夜の炭水化物を抜くという方法。これがいちばんムリなく続けられて、体重も確実に落ちたってコが多数。さらに、ストイックなコは1〜4位をすべて実践してたよ。ただ、がんばりすぎてストレスにならないように注意!!

短期間で結果を出すなら炭水化物抜き!!

ゆうぽむチャンは生理まえ豆乳ダイエットで-3kg

食事制限せず、生理まえ豆乳ダイエットで1か月で3kgヤセ。生理になる7日まえに豆乳を毎日120ml飲んで、生理が始まったらやめるの。

れみんチャンはりんごダイエットで3日で-3kg!

3日間りんごしか食べちゃいけなくて、正直キツイけど、3日間という短期集中だからガマンできた。あきないように焼いたりチップスにして一日りんご3コ食べたよ。

菜々チャンは食べ順ダイエットで1年で-10kg!!

最初は食べないダイエットしてたけど、体に悪いから食べ順ダイエットに切り替えたよ。あと、不規則ではなくいつも同じ時間にごはんを食べると太りにくいんだって。

運動ヤセ部門

- 1位 腹筋 ……………… 22人
- 2位 ウォーキング …… 15人
- 3位 ダンス …………… 14人
- 4位 ランニング ……… 10人
- 5位 スクワット ……… 8人

結局、なんだかんだ腹筋なくしてダイエットは語れない!! ただの腹筋ではなく、ねじったり、脚を上げた状態だったり、体幹を鍛えられる方法が人気。さらに無酸素運動の腹筋と、有酸素運動のウォーキングを合わせるのが鉄板。このコースを毎日やって、ヤセないわけがなーい!!

無酸素運動と有酸素運動の合わせワザ!!

ねるねチャンは食事制限せず、運動だけで-7kg!!

朝、家の前の道でひたすらシャトルラン。授業中はイスに座りながら脚上げ、階段はつま先で上がる。帰宅後1時間ランニング。夜、お風呂あがりに腹筋やスクワット。これで、食事制限なしで短期間でのダイエットに成功!!

まこチャンはノルマを決めない筋トレで楽しくヤセた!!

たまに走ったり、アイドルのダンスを踊ったり、なわとびやフラフープをしたよ。毎日、必ず運動はするけどノルマを決めなかった。守れないだけでストレスになっちゃうから。

トミーチャンはフラフープでウエスト-8cm!!

いつもはいてたスキニーがパツパツになって腹筋やスクワット、高温反復浴とかいろいろしたけど、いちばんおなかのくびれに効果があったのがフラフープ!! 体重は-4kgで、ウエストは-8cmも細くなった!!

その他ヤセ部門

- 1位 リンパマッサージ …14人
- 2位 高温反復浴 ……… 7人
- 3位 ダイエットノート … 4人
- 4位 水をたくさん飲む … 3人
- 5位 毎日、鏡で全身チェック … 2人

筋トレ、有酸素運動とセットでやってるコ多数。リンパ以外にも、セルライトをもみほぐし、筋肉を温めてから筋トレすると、より燃焼効果は高まるよ。

やる気＆代謝を上げる方法がランクイン!!

3分肩までつかって3分休む。半身浴以上にカロリー消費量が高く、もはや運動してるのと同じ。がんばりすぎてのぼせないよう注意!!

ダイエットノートだけじゃなく、Twitterのダイエット垢で報告して、みんなにも見てもらうとよりモチベアップにつながるって意見も。

失敗編

減量を急ぎすぎると、あとで大変なことに!!

1位 ムリな食事制限……22人
2位 断食…………………12人
3位 偏食ダイエット………6人
4位 酵素置き換え…………4人
5位 18時以降食べない……3人

ムリな食事制限や断食は即効性があるぶん、やりすぎるとストレスからのドカ食いやリバウンド。最悪、拒食症にもなりかねないから絶対やめて!! 目標を高く設定してあせるのも危険。10代のダイエットは、しっかり栄養をとりながら行なわないと、肌はボロボロになるし生理不順になったり痛い目をみるよ!!

私たちのダイエット失敗談

一日ヨーグルトしか食べないとかで体重は減ったけど。その後1食の食事量が減ったぶん、間食が増えて意味がなかった。(杏実)

食事制限は、逆に体を太りやすくする最悪なダイエット法。気にするのはカロリーの数値じゃなく質!! 白米を抜いちゃダメ。(Chipa)

ごはん抜きや置き換えダイエットは、ガマンできないし、体にもよくない。しかも、体重が落ちるわけでもなかった!!(KAREN)

野菜ばかり食べてたら体力が落ちすぎて、貧血にもなるし、学校に行くのもしんどくなった…。おかげで通学に時間がかかった。(喜代)

ヨーグルトのみの断食をしたら、短期間で体重は落ちたけど、そのあとの反動で一気に太ったぁ…。食事だけでヤセようなんてダメ。(mami)

正しい知識がないヤセ活はアブナイ!!

ムリな食事制限やサプリ漬けで大変な目に…。それからダイエットアカウントを通して摂食障害の方の話を聞いたり、たくさんのファスティングの施設をまわって勉強した。将来は、-46kg減量した私の経験を生かしてファスティング施設を立ち上げるのが夢!!

NO! 食べないダイエットは絶対ダメ!!

つらくなったときのモチベーションのあげ方

憧れのBODYと見比べる
だれにでも訪れる停滞期。体重計の数値は気にせず、初心に返って憧れBODYをガン見するべし!!

いままでの努力を思い出す
誘惑に負け、いまにもケーキに手を伸ばそうとした瞬間、きのうの筋トレを思い出して!! ムダな努力に終わらすな。

ダイエットアカウントを見る

ダイエッターたちががんばってる姿に、つらいのは自分だけじゃない!!ってはげまされる♪

キレイになった自分を想像する
モテモテの自分。カッコよく服を着こなす自分。いまがんばれば、そんな自分と出会えるはず!!

むかしの写真を見る!!
ケータイの待ち受けにして「あのときの自分には戻りたくない!!」と初心を取り戻す。

絶対、あのころには戻りたくない!!

ワンサイズ小さい服を買う
ヤセたら着たい小さめの服を買うことで、着られなかったら金がもったいないってがんばれる。
絶対はいてやる!

友だちや家族に「デブ」っていってもらう
自分に甘くならないために、まわりの人たちに喝を入れてもらう。厳しい意見にやる気がメラメラ。

冷蔵庫に自分をののしる紙を貼る
他人だけじゃなく、自分でものしる!! 冷蔵庫など食べ物のある場所に貼ると、より効果倍増★

好きな人を思い浮かべる

おデブのままじゃ、いつまでたっても好きな人に自信を持って接することができないじゃ～ん!!

ダイエットでつらかったコト

1位 誘惑との戦い…35人
2位 停滞期……………8人
3位 友だちづき合い…4人
4位 体を壊した………2人

ダイエットの大敵は、デザートや唐揚げなど、よだれが出るほどの食べ物たちからの誘惑。友だちからの放課後メシへの誘いもつらかったってコが多数。

はげまされたダイエット格言

「このつらさを乗り越えたらヤセられる」

「ヤセたら人生変わる」

「食べるのは一瞬の幸せ、ヤセるのは一生の幸せ」

「デブは人生のムダ!!」

「おいしいのは一瞬の幸せだけど、脂肪は一生の後悔」

「いまがんばれば、あした幸せ。いまやらなければ、あした後悔。きょうやめたら、きのうまでの自分に失礼。死ぬ気でやろう、死なないから」

STEP7 自分に合った運動を探す!!

健康的にヤセるには、やっぱり運動は外せない!! とはいえ、どんなに気合いを入れても三日坊主じゃ意味ないし。運動を続けるコツは、楽しくノンストレスでできるもの。みんなも自分に合ったトレーニング法を探してみて♪

代謝を上げて姿勢を正す！ 基本の体幹 LESSON!

横向き片脚上げ
ひざが支点だから女のコでもムリせずできる♪
30秒×3セット

1 横向きになりひじを立ててひざを支点に腰を浮かす

骨盤が地面につかないように持ち上げる。余裕があるコは、脚をまっすぐ伸ばすとさらに効果が出るよ！

2 上側の脚を持ち上げ 15～30秒キープ！

上の脚を伸ばしてキープ！ 2～3セットやったら、今度は反対の脚も同じ手順で同じ回数やってね。

対角線手脚伸ばし
体幹トレーニングのなかでも定番のポーズだよ♪

1 よつんばいになったら左腕と右脚を伸ばすよ
10～20回

指先からつま先までしっかり伸ばすのがポイント。このとき、力が抜けておなかがふくれないよう、意識してね。

2 伸ばしていた左腕と右脚をおなかの下で近づけるよ

1の体勢から、今度は伸ばしていた腕と脚をグッと近づける。伸ばす腕と脚を左右逆にして10～20回やるよ。

Z形後ろ倒し
人文字みたいだけどちゃーんとトレーニングだよ！

まっすぐひざ立ちし腕を前に伸ばして体を後ろに倒すよ
15～30回

腕は肩の高さまでしっかり上げるよ。体をゆっくり後ろに倒し、倒せるギリギリのところで2、3秒キープ！

両手つき片脚上げ
簡単そうだけど腕立てポーズだけで結構キツい！

1 腕と脚をしっかり伸ばしてこの状態をキープ
30秒キープ

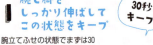

腕立てふせの状態でまずは30秒ほどキープ♪ 腕と脚をしっかり伸ばし、お尻を落とさないよう注意して！

2 できるコは片脚を交互に上げ下げの運動♪

1のポーズがしっかりキープできるコは、そのまま右脚と左脚を交互に上げて。このときも、お尻は下げずに！

あお向け脚上げ
お尻が下がらないように気をつけながらトライ！

1 あお向けに寝てひざを立てたらお尻を上げるよ！
15～30回

お尻を上げるときは足の裏で地面をグッと押すようにして。お尻が上がったときに、お尻に力を入れるのが大事！

2 余裕があるコは片脚を上に伸ばしてトライして！

余裕があるコは片脚を上げて、お尻が地面につかないようにゆっくり下げ、また上げる。15～30回ほどやってね。

体幹 Q&A

Q. 体幹をきたえると何がいいの？
A. 姿勢がよくなってスタイルキープになる♥
体幹の筋肉が弱いと正しい姿勢でいられなくなり、ぜい肉がつきやすく、ボディーラインにしまりが出ないよ。

A. 腰痛や肩こりが予防され改善されることも♪
姿勢がよくなるのでこういった悩みが解消されるほか、おなか引きしめ、くびれづくりにもなるよ。

Q. 体幹ってどこ？
A. 字のとおり"体の幹"。胴体部分のことだよ！
体幹とは体の中心部のこと。頭、腕、脚以外の腰や胸、背中、おなか、お尻にある筋肉のことをさすよ。

Q. なんで必要なの？
A. 体幹は体の土台になる！芯のある体には不可欠
体の支えとして必要な体幹。歩いたり、座ったり、じつは人間は動くときに必ず体幹を使っているよ！

Q. トレーニングはいつやればいい？
A. 運動は代謝がいい朝に行うのが理想的です！
朝は代謝のバランスがいいので運動に向いてるけど、体幹は日ごろからの意識も大切！

Q. 一日何回もトレーニングしていいの？
A. 朝、昼、夜とやってもいいほど！ふだんの意識が重要！
何かしながらおなかをへこませる効果があるので、小さな心がけをたくさんするのも◎。

Q. 運動が苦手でもできる？
A. 1週間やってみたら自然と体の使い方がわかってくる！
最初は体がふらついたり、すぐ疲れてしまうけど、続ければ自然に体の使い方が身につく！

Q. 見本どおりにできなくてもいい？
A. 使っている部位をしっかり意識して行えばOK！
見本のポーズや回数を完璧にできなくても、使ってる筋肉を意識することは忘れず！

Q. 効果はどれくらいで出てくる？
A. 個人差はあるけど1～2か月程度で感じられると思います
基本的なトレーニングであれば、毎日行なって1～2か月程度で効果が見られると思います。

いま理想のボディといえば、細いだけじゃない引きしまった体。そうなるにはまず、体の軸となる体幹をきたえることが大事！ 姿勢をキレイにすれば、ヤセ体質が手に入るよ！

撮影／蓮見徹

こんなコにオススメ！
・ふだんの姿勢が悪い
・運動が苦手

24/7 workout

ダイエットとボディーメイクに特化したジム。マンツーマンで指導してもらえるから、目標に合わせたトレーニングができるよ！
☎03-3288-0247 受付時間／10:00～19:00
247ワークアウト 全国33店舗展開中！

教えてくれたのは
萩原裕司サン

●パーソナルトレーナー
2009年にトレーナーとして独立後、大手ジムを中心に活躍、現在は24/7 workoutにて活動。

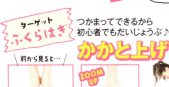

ウエスト

1 あお向けにひざを立てて寝る
リラックスした状態であお向けになる。両ひざは立てて、まっすぐ天井に向ける♪

2 息を吐いて吸ってひざを片方ずつ開く
息を吐きながら片ひざを開き、息を吸う。また息を吐きながら閉じる、を左右各3回行なうよ!!

ピラティスとは?
ストレッチしながらしなやかな筋肉をつくる

ヨガのストレッチ効果にウエイトトレーニングの要素を融合させたメソッド。インナーマッスルをきたえながら、精神的な解放も同時に得られて、ストレス解消の効果もあるよ。

肩

1 ワキを閉じひじを90度に曲げて息を吸う
脚を開いて立ち、ワキは閉じてひじの角度を90度に。手のひらは上に向けて息を吸う。

2 息を吐きながらひじから下を開いていく
息を吐きながら、ひじから下を床と平行に広げ、息を吸う。これを10回くり返すよ!

二の腕

1 壁に片手をつけて息を吸う
脚を腰幅に開き、壁の横に立つ。腕が軽く曲がる程度に離れ、壁に手をつき息を吸う。

2 息を吐きながら体を壁側にたおしていく
息を吐きながら、ひじを曲げて体を壁に近づけて息を吸う。吐きながら戻る、を左右10回ずつ。

運動その2

ピラティス

"コアの筋肉"をきたえてムリせず健康的にシェイプアップ!

もともとはリハビリ目的で活用されていたピラティス。骨盤のゆがみや体の柔軟性が高まるなど、いいことづくめ! ムリせずリラックスしながら楽しくできるよ!

撮影/尾藤能暢

こんなコにオススメ!
・ストレスがたまりやすい
・体が全体的に固い

なんでなわとびなの？
有酸素運動だから脂肪燃焼にきく！

全身の筋肉を使うことができるからダイエットに効果的！ くり返しジャンプをすることで、体の脂肪を燃焼して引きしまったボディーをつくり出す！

有酸素運動ってなに？
規則的なリズムを打つ運動のこと！

なわとびやジョギングといった、規則的なリズムの運動のことをいうよ。この一定のリズムがあるとないとで、食欲が変わってくるんだ！

規則的な運動だと… （なわとび／ジョギング）

食欲をおさえられる！

運動を終えると疲れて甘いものを食べたくなりがちだけど、食欲を抑える精神安定ホルモンとセロトニンが多く出るからおなかがすきにくくなってるんだって！ スゴすぎ！

不規則な運動だと… （ダンス）

食欲がでちゃう！

ダンスなどの運動を終えたあとにおなかがすくのは、不規則な運動によって精神安定ホルモンとセロトニンが減っちゃうからなんだ。だからなるべく規則的な運動をするようにしよう！

どのくらい飛べばいいの？
回数よりは時間!! 10分はやりましょう

意外と体力を使うから長くやりすぎるのはキツイ…。しかも跳んでればいいってわけじゃなくて、連続して跳ぶことに意味があるから基本は10分と考えて！

2週間くらいで効果が出てくるよ！

とにかく毎日必ず取り入れることが大切だけど、毎日行なうことでおよそ2週間あれば効果が実感できるはず！

朝起きてからと夕食あとは控えて！

朝は筋肉がどんどん分解される時間帯なので脂肪が燃えにくい。夕食のあとだと血糖値が上がってしまっているから、夕食まえが◎。

タイマーをかけて跳ぶのがオススメ！

10分間、集中して跳ぶためにタイマーをセット。スマホでタイマーをかけつつ、音楽をかけながらやればリズムよく跳べるはず♪

★運動その3★

ぴょんぴょんするだけで脂肪も食欲もバイバイできる！

なわとび

「えっ、いまさらなわとび!?」なんて思ったコ必見！ シンプルかつ脂肪燃焼にめっちゃ効率的だって知ってた？ 1日10分飛ぶだけでOK！

撮影／清水通広(f-me)

こんなコにオススメ！
・運動でヤセたい
・食べるのが好き

教えてくれたのは
●佐久間健一サン
モデルを中心に年間4000件以上のトレーニングを担当。書籍『1分乗るだけ！"ラクやせ"パッド』を出版。

ダンスエクササイズ！

さらっちがやってみた！

ダンススクールに通ってたことがあるさらっちがチャレンジ！ みんなも音楽に合わせて楽しく踊ろう♪

まず足ぶみから

リズムに合わせてワン､ツー､ワン､ツー

1 まずはウオーミングアップの足ぶみ！ リズミカルな音楽に合わせて、ノリノリでいくよ♪

脚の外から内ももに効く

左脚に合わせて右脚でトンッ！
左に1歩大きくふみ出すよ！

2 左脚をふみ出して1、右脚をそろえるように2、すぐ右脚をふみ出して3、左脚をそろえるように4。コレが基本の左右のステップだよ。

完全に脚が痛い！ 効いてる！

右にワンステップ☆
左脚でキックしよう！

3 右に大きくふみ出し、左脚で素早くキック。キックした脚で左に大きくふみ出し、右脚でキック。これをくり返すよ。

ももの前が伸びて痛い

左に大きくふみ出す！
右脚のかかとでお尻をたたく

4 ふみ出した脚と反対の脚でお尻をたたく。太ももの前側が伸びるし、お尻も刺激されるよ。

脚と肩甲骨のWパーンチ！

ていやっ
どーん
SIDE

5 脚でお尻をたたくと同時に腕を引く
1コ前のプロセスと同じ脚のリズムをふみながら、腕を前に出して引くよ。

何度もやるからもも痛ーい

てりっ

6 意外とハードだから上がるところまででOK
片脚だけの足ぶみを8回ずつ、右も左もそれぞれやってね。

思いっきり汗かきながら楽しくヤセたいなら、ダンスしかない！ いまYouTubeで話題のダンスエクササイズを、コマ送りでレクチャーしていくよ！

撮影／堤博之

こんなコにオススメ！
・楽しくヤセたい
・短期でヤセたい

教えてくれたのは
YU-SUKE

https://www.youtube.com/watch?v=g31TGbsN5v0

ダンスインストラクターがYouTubeの世界にやってきた！ 自宅でできるエクササイズから女のコでもできるおしゃれなダンスを動画でわかりやすく教えてくれるよ。

意外とリズムが早い！

ダンスでダイエット 簡単なエクササイズで痩せるダンスエクササイズ動画 Diet Dance Exercise

5回でマスターできる、おしゃれ

地味に体力消もう ◀◀ **両手上げてるから腕に効く〜** ◀◀ **二の腕めっちゃ効いてるー**

9 軽い足ぶみから徐々に走るように
リズムに合わせて、足ぶみをだんだん激しくランニングをするように足ぶみしてね。

8 基本の左右ステップ＋両手上下
左右のステップで大きくふみ出したとき手が上、片方に脚がそろったときに手を下げるよ。

7 脚に合わせて伸ばした手も上下に!
1コまえの脚だけのプロセスに腕の動きをプラスして、脚と腕、両方効くよ!

クールダウンで終わり ◀◀ **リズムをきざみながらだから大変!** ◀◀ **つま先をつけたままだとふくらはぎに効く**

12 深呼吸で呼吸を整えよう
いきなり止まらず、その場で足ぶみをしながら、手を使って深呼吸しよう。

11 両脚でジャンプしながら左右に移動
小さくジャンプしながら右に1、2、3、4と移動。3のところで両手を広げ、4で手をたたこう。

10 腰を入れるように脚を左右にふる
かかとは浮かせて、つま先はその場につけたまま、腰と脚で左右に体をふるよ。

★運動その4★
ダンス

ケータイさえあれば いつどこでも お手軽にできる!

超疲れるけど、踊り終わったあと全身が軽い。動きまくって短時間でヤセたい人、カロリー消費したい人にオススメ!

汗がヤバーい

ヤセる！Popteen　STEP7：自分に合った運動を探す！！

STEP 2 【美姿勢のトレーニング】

姿勢がよくなると、自然とヤセやすい体になっていく！だんだん気分もバレリーナになれちゃうよ！

バレエエクササイズ4
プリエで全身の引きしめトレーニング

"プリエ"とは"折る・曲げる"という意味で、バレエの大切なエクササイズです。

1 かかとをつけて軽くひざとつま先を開いて立つ
- ひじを落とさない
- 股関節とひざをムリなく動く角度に開き、つま先も同じ角度で開く。強引に足首をひねらないように！腕も大きく広げてね。
- 骨盤を立てる意識で！
- 太ももを左右に広げる
- ひざで曲げようとしない
- つま先とひざは同じ角度で開く

2 ゆっくりひざを曲げる 背スジはピンッ！
- ひざを左右に広げながらゆっくり曲げる。上半身はまっすぐ！頭が天井から引っぱられているイメージをして！

NG! たらん…
ひざを曲げて脚の力だけで屈伸すると、ふくらはぎの筋肉がつきすぎて、逆に太くなる恐れがあるので注意。
姿勢が悪いと逆に脚が太くなっちゃう…

バレエエクササイズ5
バットマンデガジェでまっすぐな脚をつくる

ただの片脚立ちは体が歪む原因になる！
上半身がくずれていると骨盤や脚に負担がかかって体のゆがみの原因につながるよ。体の軸をしっかりと意識して。

NG! ぐにゃり…

- ひじを落とさない
- 脚のつけ根から上げる

片脚を上げてまっすぐ立つ
ひざを伸ばしたまま、つま先を遠くに伸ばすイメージで片足を前にすべらせ、上げる。ひざを伸ばしてまっすぐ上げてね。むずかしければ、最初は脚を上げず、前に伸ばすだけでもOK。

POINT バランスキープのためには腹筋と背筋が重要！

左右8秒ずつキープ！

バレエエクササイズ6
ルルベでスラッと美しい立ち姿を身につける

美脚は一日にしてならず！リラックスして楽しみましょ♪

POINT 初心者さんはタオルを使うと効果的！

2

- タオルが落ちないよう脚を閉じる
- タオルが落ちないよう脚の内側を引きしめて上げ下げ。歯磨きや電車の待ち時間にやるのもオススメだよ。
- ZOOM UP かかとを持ち上げる

1
POINT 息を吸いながらかかとを上げ、吐きながらかかとを下げる。
- おなかを突き出さない
- 頭のテッペンから足裏まで直線になるように体の軸を意識し、かかとを上げ下げする。かかとを下ろすとき、ストンと落ちないようカウントしながらゆっくり行なってね。

バレエエクササイズ3
座って脚を曲げるストレッチ

NG! ぐにゃん…

POINT 姿勢よく座ることが重要！
ピシッ

座骨、背中、頭がまっすぐになるように座り、その姿勢がくずれないようにキープ！背中が曲がると効果ないよ。

ひざの裏が浮かないように！

1 片脚を曲げ、体に引き寄せる
曲げた足の裏が床から離れないように、体のほうへ引き寄せる。このとき、姿勢が崩れないようにしっかり意識して。
- 足の裏を床につけたまま

POINT ひざの裏と床のすき間をくっつける。

2 脚を伸ばし、足首を曲げる
足の裏を床につけたまま脚を伸ばす。伸ばしきったら、つま先が上に向くよう足首を曲げて脚の裏側をストレッチ。反対も同じようにくり返して。
ZOOM UP

3 両脚を曲げ、体に引き寄せる
両脚の足の裏を床につけ、体に向かってゆっくりと引き寄せる。ひざの角度よりも、姿勢をくずさないことに集中して！

4 ゆっくりと前屈する
②と同様に足首を曲げて脚の裏側を伸ばしたら、息を吐きながら体を倒す。脚のつけ根から、背中を曲げないように注意。
フー

5 ゆっくりと体を起こす
息をゆっくり吸いながら、まっすぐ体を起こす。このとき、ひじから持ち上げるイメージで腕も上げて。
スー

POINT 猫背はNG！背スジを伸ばし、視線を上げてね。
- 背中を丸めないこと！
- 90度に戻す

ヤセる！Popteen　STEP7: 自分に合った運動を探す！！

トレーニング2 内ももとお尻の筋肉にGOOD♥
ワイドスクワット

一日20回×3セット

正面から見ると…

友だちとやるのもオススメ！！

NG!

2　1

友だちに肩をゆっくり押してもらいながら、反発するように戻れば効果UP！

腰を下ろすとき、上半身が前かがみになってしまうと、効果がなくなっちゃうよ！

①の姿勢をキープしたまま、腰をまっすぐ下ろしていく。ひざの角度は90度で！

脚は肩幅よりやや広めに開き、つま先は外側に向ける。腕は胸の前で組むよ★

トレーニング2 背スジを伸ばすための筋肉に効果的！
バックエクステンション

できるコは…

両手足を上げた状態のとき、ピタッと3秒キープしてからゆっくり下げる★

NG!

両手足を下げるとき、キツくても床につくのはNG！　なんとか耐えて!!

一日20回×3セット

両手足を広げ、うつぶせに寝る。両手足を同時に上げて、床スレスレまで下げる…をくり返すよ。

運動その6
下半身からきたえるのが効果的！
筋力トレーニ

ネコのポーズ／おなかまわりヤセ

1「四つんばいになったら目線を床に向け、キュッとおなかを引き上げて5回呼吸」

2「丸めていた背中を反らすように顔を上げ、自然に息をしながら、5回呼吸をしよう」

『ヨガ』とは？

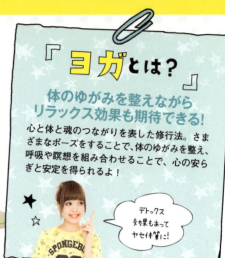

体のゆがみを整えながらリラックス効果も期待できる！

心と体と魂のつながりを表した修行法。さまざまなポーズをすることで、体のゆがみを整え、呼吸や瞑想を組み合わせることで、心の安らぎと安定を得られるよ！

デトックス効果もあってヤセ体質に！

ダウンドッグのポーズ／太もも、ふくらはぎヤセ

1「手はベタッと床について四つんばいに。この姿勢からお尻をできるだけ高く上げる♪」

2「手をピンと張り、お尻をもっと上に。この時点で太ももブルブル、絶対効いてる!!」

3「ネコと一緒で5呼吸キープ。簡単に見えて超キツい。脚だけじゃなくおなかもヤセそう」

教えてくれたのはココ

ホットヨガスタジオ LAVA新宿西口店

全国で250店舗以上を展開する日本最大級のホットヨガスタジオLAVA。初回￥1000で、先生がやさしく指導。どこの店舗でも駅チカで、タオルにウェアもレンタルできるから飛び込みだってOK！

戦士のポーズ2／おなか、お尻ヤセ

「脚を大きく開いたら手を横に伸ばし、息を吐きながら、ゆっくりひざを90度に曲げるよ★」

ワシのポーズ／太もも、足首ヤセ

「顔の前で手をクロス。片脚を浮かせ、床についてる脚に絡ませる…ってコレ、超ツラい!!」

「このまま正面を見つめて、5呼吸キープ。うまく立てなくても、キープしようとする気持ちが大事らしい!!」

三角のポーズ／ウエスト、お尻ヤセ

「脚を開き、上半身を横に倒すよ。上になったほうの腕をしっかり伸ばし、背スジはピーン!!」

肩入れのポーズ／二の腕ヤセ

「立ちひざのまま頭を床につけ、片手は上に、片手は横に伸ばしてキープ★ 左右くり返すと汗ビショビショ」

運動その7 ヨガ

じっくり汗だく、達成感がクセになる！

「ヨガってやってみたいけど、むずかしそう」なんて思われがち。そこで、おうちでもできるヨガポーズを教えてもらったよ。体内からじわじわくる効果を実感してみて！

撮影／堤博之

こんなコにオススメ！
・体が冷えやすい
・筋力がない

ヤセる！Popteen　STEP8: 短期集中でヤセる!!

> だれよりも早くヤセてやる!!

> 2週間で2kg落としたい

> ヤバ!! デートまでにヤセなきゃ〜

> 来週のプールに間に合わない!!

STEP8 短期集中でヤセる!!

再来週、海に行くってのに、ずんどうすぎてビキニが着られなーいって、あせりまくりのアナタ!! 2週間でビキニを着こなせる美BODYを手に入れるダイエットの駆け込み寺へ行ってらっしゃい♪

ダイエットまえに
自分の体のサイズと目標、実現したいことを記入しよう！

LET'S TRY!!!

ヤセて実現したいことは？

- 二の腕（いちばん太い部分）　　cm → 目標　　cm
- バスト（いちばん高い部分）　　cm → 目標　　cm
- ウエスト（腰まわりのいちばん細い部分）　　cm → 目標　　cm
- ヒップ（いちばん太い部分）　　cm → 目標　　cm
- ふくらはぎ（いちばん太い部分）　　cm → 目標　　cm

- 体重　　kg → 目標　　kg
- 体脂肪　　% → 目標　　%
- 腹囲（へそまわり）　　cm → 目標　　cm
- 太もも（いちばん太い部分）　　cm → 目標　　cm

目指せ！最強BODY!!

流行ネタとモデルのアドバイスつき！

2週間で みちょぱBODY になる！スケジュール

もう夏休みも間近！ まだ体が冬仕様のままってコのために、POPモデルのアドバイスをもとに、2週間のダイエットマニュアルを用意したよ♪

撮影／小川健(willcreative)[みちょぱ分]、尾藤能暢

2週間ダイエットチャレンジ！

日付を記入して、チェックを入れてね！

できたらチェックを入れていこう！　日付と曜日を記入しよう！

☐ DAY 1

生活を見直して ヤセやすい体に チェンジ!!

まずは体質改善！　代謝のいい、健康的な体が資本。ちょっとの意識で大きく変わる★

なるべく水を飲む!!
余分な毒素の吸収を防ぎ、正常な発汗やお通じにもつながる！しっかりデトックス♥

にこるん発　体型チェック!!
「いつでもおなかを出せるようにしたいから、全身鏡でお肉がついてないか毎日チェック」

しーちゃん発　ヒールをはく!!
「ぺたんこの靴ばっかはいてると脚の筋肉がおとろえるらしい。電車内もなるべく立つよ」

らにゃ発　1時には寝る!!
「美容のためには22時には寝なきゃいけないけど、勉強もあるから1時までって決めてる」

みちょば発　姿勢をキレイに!!
「気を抜くとすぐネコ背になる。リンパの流れが悪くなるし、代謝も下がるから意識！」

☐ DAY 2

摂取カロリーを ムリなく抑えよう!!

ガマンしたり、偏った食生活をするわけじゃなく、カロリーセーブできたらいいよね♪

にこるん発　彩りのあるものを食べる
「からあげとかハンバーグみたいな茶色いものを避けて、彩り豊かなものを選んでる♥」

食べる順はスープ→野菜→メイン→ご飯
汁物で満腹感を感じさせ、野菜で血糖値の急激な上昇を防ぐ。たんぱく質は肉や魚から摂取。

あるる発　ごはんのまえにキャベツ
「夜ごはんのまえに、コンビニで売ってる半分くらいの量のキャベツを食べてるよ！」

しーちゃん発　朝ごはんはヨーグルト
「朝ガッツリ食べると一日中食べちゃうから、りんごとジャムを入れたヨーグルトのみ」

☐ DAY 3

筋トレして筋肉を 増やそう!!

筋肉が増えると見た目が引きしまるし、脂肪の燃焼量が増えるから筋トレってチョー大事★

インスタでワークアウト動画を参考にする

おしゃれなトレーニング動画をインスタでチェックしよう！

ボディ フィットネスファッション
body fitness fashionのアカウントは、簡単なエクササイズを教えてくれるよ！

インストラクター Aya
中村アンさんのトレーナーさん。引きしまった美ボディーの動画にうっとり♥

イザベル・グラール
ヴィクトリアシークレットモデルのトレーニング動画を見ると美しい人は努力してるって実感!!

ターニャ・ポペット
フィットネストレーナー・Tanya Poppetのワークアウト動画はわかりやすさが支持されている。

みちょば発　いちばん効くのはプランク
「うつぶせでひじをついて脚を伸ばすこの動き、マジでキツイ！腹筋われる！」

顔の筋トレ
表情筋を鍛えて顔ヤセ♥上を向いて唇をつき出すとシャープなリンカクに。

がんばるコにおススメ

2 スケーターホップ
スピードスケートの動きをマネて左右にステップ♪素早く跳ぶことが重要だよ!!

1 クロスフィット
中村アンさんもやっているフィットネスプログラム。かなりキツイけど、効果は高い♥

☐ DAY 4

冷え対策をして 代謝をあげよう!!

体温が1℃上がるだけで、消費カロリーが15%も変わるよ！冷え症はデブのもと!!

ゆみちぃ発　冷えやすい食材を食べない
「トマトやきゅうり、りんごなど体を冷やす働きのある食べ物を、夜食べないように気をつけてるよ！」

らにゃ発　朝ごはんにスープ
「起きたら、まずスープを飲んで体温を上げるよ♥コーンスープがいちばん好き！」

にこるん発　モコモコくつ下2枚ばき
「家でハダシになるクセがあったけど改善!!むしろいまはくつ下2枚はいて生活してる」

しーちゃん発　寝るまえにお茶
「ポカポカしたまま眠りたいから、夜寝る直前にあったかいお茶を1杯飲んでるよ！」

☐ DAY 5

ながら運動で カロリー消費!!

1kcalでも多くカロリーが消費されるように、"ながら運動"で効率よくシェープアップ★

空気イスが最強!!
歯を磨きながら、テレビを見ながら…といつでもできる空気イスはひざ上の筋肉に効果的♥

ゆみちぃ発　いつでもおなかを引っ込める
「つねにおなかに力を入れて行動するよ。なるべくタイトな服を着て、気もゆるめない♪」

みちょば発　無意識に脚上げ
「ゴロゴロしてると、つい脚を上げ下げして腹筋を鍛えちゃう（笑）」

らにゃ発　ケータイいじりながら腹筋
「ケータイを見るとき、あお向けから上体を起こして腹筋を鍛える」

DAY 8

ストレッチをして体をやわらかくしよう!!

血行促進効果があり、代謝がアップするストレッチ。筋肉をゆるめることで、むくみも解消できる!

くびれをつくる!
うつぶせから腕を使って上体を起こし、5秒キープ。左右にもねじって5秒静止。

脚ヤセには!
かかとを上げ下げすることでふくらはぎと足首ヤセにつながる! イスに座ったままでもOK。

ヒップアップできる!
あお向けで脚を肩幅に開いたら、両ひざを立てる。お尻を持ち上げて5秒キープ♪

背中をキレイに!
両手を腰の後ろで組み、上半身をそらしたまま、上がるところまで腕を上げ、10秒キープするよ♥

3 お風呂あがり
体が温まって筋が伸びやすくなっているから、ストレッチに最適♥ リラックス効果も高い。

2 運動直後
クールダウンのために重要だよ!! 筋肉がかたくなるまえに、運動後10分を目安にほぐそう!

1 運動まえ
ウオーミングアップのストレッチで体を温め、運動をするのに最適な状態にしておく!

いつやるのがいいの?

DAY 6

お風呂に入ってヤセ子に近づこう!!

ゆっくり時間の取れる週末は、のんびりお風呂で自分磨き!! 体を温めて汗をかこう。

333入浴法
少し熱めのお湯に3分つかり、湯船の外で3分髪や体を洗う、を3セットで冷え症改善。

お風呂を楽しむには…

泡風呂
「テンションあがって2時間くらい入っていられる」(しーちゃん) 湯冷めには要注意!!

ケータイを持ち込む
そのまま持ち込むコが多いけど、「サランラップにくるむ」(らにゃ)などしっかり防水!

ダイソーの入浴グッズがアツイ!!

発汗作用のあるバスソルト。しょうがととうがらしのエキス入りでポカポカ♥

可愛すぎるディズニープリンセスの入浴剤は、お風呂に入れると泡風呂に!

¥324だけど、サウナスーツも売ってるよ! 上下セットってお得すぎ〜!!

100均はこんなアイテムもあるよ!

DAY 7

有酸素運動で脂肪を燃やそう!!

家でもできる有酸素運動を20分以上行なって体についたムダな脂肪を燃焼させよう!!

ダンス
➡大好きなアーティストのダンスのコピーだって立派な有酸素運動になる!!

フラフープ
➡おなかや腰まわりの筋肉を使うかくびれづくりにも効果大。100均で購入可。

エアなわとび
➡ロープに引っかかる心配がないから、長時間続けられる! 左右にひねるなど動きをつけよう。

エアジョギング
➡しっかりと腕を振って、その場でランニング♪ 天気や服装を気にせず、すぐに始められるよ!

踏み台昇降
➡段差のあるところを1段上って、下りるをくり返すだけ。テレビを見ながらでもできるね!!

DAY 9

おしゃれな人のダイエットをマネて気分をアゲよう!!

憧れモデルや海外セレブが注目している最新ダイエットをマネして、美人に一歩近づこう!

しーちゃん発 キヌア!!
「今度、デトックス効果の高い"キヌア"をごはんと一緒に炊いてみる予定♪」

ゆみちぃ発 スープクレンズ!!
「ジュースクレンズだけだと冷えるから、あったかスープでプチ断食したい♪」

一日5種類のスープ(計841kcal)で過ごす、プログラム用セット。スーププログラム¥6156(※完全予約制)/ELLE cafe

取り入れたいスーパーフードはコレ!!

マキベリー
ミランダ・カーも積極的にとってるマキベリーはむくみに効くカリウムが含まれてるよ。

ゴジベリー
杏仁豆腐にのっている実でもおなじみ。ビタミンCが豊富で美白効果もバツグン★

ひまわりの種
ローラがハマっていたひまわりの種は、ビタミンEや良質なたんぱく質が豊富だよ♪

パープルフードダイエット
1週間のうち3日はなすや紫キャベツなどの紫色の食べ物のみで過ごすダイエット法。

シーバックソーン
ビタミンCたっぷりの黄色いフルーツ♥ 美肌効果の高いオメガ7という成分を含有。

ヤセる！Popteen　STEP8: 短期集中でヤセる!!

DAY 11
マッサージをしてむくみを取り去る!!
しっかりもみほぐして、血流をよくするとむくみが解消!! ソッコー見た目が変わるよ!

脚のむくみには

下から上に向かってもみ上げる。ひざの裏と脚のつけ根は、リンパが滞りやすいのでグッと押す。

顔のむくみには

3
両手で両耳たぶを持ったら、1分間もみもみしてほぐす♥ 朝やると◎。

2
そのまま斜め前方に腕ごとストンと下ろす。20回くり返してね♪

1
両手のひらを両耳の後ろにすべり込ませたら、軽く力を加えるよ。

にこるん発
クリームにオイルを混ぜる
「ボディークリームにベビーオイルをちょっと足してからマッサージするとのびもいいしツルツルになる!」

しーちゃん発　いつでもどこでもグリグリ!!

「ひざまわりも、手の指の第2関節でグリグリ。痛気持ちいいくらいの強さでやるのがベスト!」

「人さし指をカギ状にしたら、第2関節で、耳の下からエラにかけてグリグリマッサージ」

Fight!!

DAY 10
便秘を解消しておなかスッキリ!!
便秘のせいでぽっこり出たおなかを解消しよう!! 老廃物が排出されると、お肌の調子もよくなるよ★

注目の菌活!!

納豆ヨーグルト
納豆菌と乳酸菌の相乗効果でおなかにうれしい♥ 納豆はたれとからしを入れ、ヨーグルトと混ぜる。

お尻の外側を温める!!
パンツの後ろのポケットにカイロを入れたり、シャワーをするときに温めるとお通じが改善される!!

便秘のツボを押す!

合谷（ごうこく）
親指と人さし指のつけ根のちょうど中間にある。反対側の手の親指と人さし指ではさんで指圧♪

支溝（しこう）
手の甲側の、手首から指3本分ひじに近づいたところ。「便秘の名穴」とも呼ばれているよ!

DAY 14
当日は少しでも細く見せたい!!
勝負日当日は、服の着こなしで着ヤセを狙う!! 錯覚でも、細いって思われたい!

みちょぱ発
ゆるいワンピでラインを隠す
「ニットワンピ×ニーハイは鉄板♥ ふくらはぎを隠せるし、体のラインもバレないよ!!」

にこるん発
Iラインをつくる
「縦長Iラインでスタイルをよく見せる! アウターで太ももの太さもカバーするよ♪」

ゆみちぃ発
薄い黒ストッキングをはく
「30デニールくらいの薄い黒ストッキングがいちばん細く見えるよ!!」

らにゃ発
メディキュットのタイツをはく
「着圧タイプのタイツだから、本来の脚よりもキュッと細く見えるよ!」

DAY 13
決戦の前日はプチ断食!!
速効性を求めるなら、やっぱり食事制限!! 一日くらいならガマンもできる…ってことで断食。

しーちゃん発
固形物を食べない
「飲むヨーグルトとかスムージー、もずくにしてカロリーセーブ。栄養はしっかり取るよ!!」

ヨーグルト断食
3食をヨーグルト150g+野菜ジュース1杯にし、一日で2ℓの水を飲むプチ断食。

にこるん発
ゲーム&妄想でまぎらわす
「あした会えるって思えば、空腹なんてガマンできるよ! お肌に悪いから断食は一日が限度かな」

可愛い女のコを見る
「友だちと遊んで気をまぎらわせるか、家で可愛い世界観目線の映画を見て気持ちを満たすの♥」

DAY 12
栄養素に注目してみる!!
脂肪になりやすい成分をカットしたり、燃焼しやすい成分をすすんで取ろう♥

糖質OFFダイエット
糖質を取りすぎると、脂肪の分解作用のジャマをしちゃう! 一日60g以下に抑えよう。

NG

ケトン体ダイエット
糖質を抑えながら、ケトン体に変換するココナツオイルを摂取すると、体脂肪の燃焼が活発になる!

グルテンフリーダイエット
小麦に含まれるグルテンは食欲が増す作用アリ! グルテンを抜くことで、太りにくい体になれるよ。

NG

汗とムダ毛攻略メモ!

せっかくヤセて水着を着るなら、スキンケアも手をぬかないで!

汗攻略

汗は夏につきものだってわかってるけど、やっぱりベタベタして気持ち悪いよね…。汗の知識を頭の中に入れて対策しておけば、いつもより爽やかな笑顔ですごせることまちがいなし!!

うまく対処さえしちゃえば汗なんて気にならない!!

土屋怜菜チャン

水につけるとふくらむ、熱中症対策グッズを愛用。首に巻くと冷たくて気持ちいい♪ ベタつくのがヤだから汗ふきシートとスプレーも使う。

こんな商品を使う!!

衣服につけても目立ちにくい透明フィルム♪ 汗をはじくからしみができない。透明フィルムのあせワキパット リフ ¥810

汗を吸い取るシールタイプのシート! 部位に合わせてカットして使える。ワキには直接貼る汗とりシートロール ¥1841

汗じみがいちばん目立たないのは黒!!

ワキをちょっと上げたときの汗じみって恥ずかしい! そこで、どの色の服なら目立たないかを検証!

このなかでももっとも汗じみが目立つのがグレー。水分を含むことで黒に変化しちゃうのが原因。

白に近いけど、パステルカラーも水にぬれると明度が下がってシミがやや目立つので要注意!

黒は汗や水分でぬれたとしても色的には変化ゼロ。汗じみを目立たせたくないなら黒でいこう♥

白はぬれると透明になろうとするからそんなには目立たないけど、ぬれている感はわかるかも。

Q 汗をかくとにおうのはなんで??

汗そのものはほとんど水分でにおわないんだけど、放っておくことで雑菌が繁殖するからにおう。汗をかいてから雑菌が繁殖してにおいが発生するまでには約1時間かかるのでそれまでに対処!

→すぐにふけばにおわない!!!

汗を抑える方法はこちら!!

なんだかんだいって、汗を抑えることができたらそれがベスト♪ ということで、いくつか対処法教えるよ!

制汗剤を使う!!

ウォーター
ひんやり&サラサラ肌でスッキリ★ 香り長続き。8×4 デオウォーター ミラクルマリン(医薬部外品) オープン価格

シート
汗のベタつきやにおいのもとを取り除く厚手のシート。長時間サラサラ肌に♪ ビオレ さらさらパウダーシート オープン価格

スティック
汗と水に強い高密着処方で、気になるワキ汗のにおいをしっかりカット!! リフレア デオドラントクリームバー ¥1080

スプレー
出かけるまえに、汗のかきやすいところにスプレー! エージープラス パウダースプレー f VC〈L〉¥1058(編集部調べ)

リンパ節を冷やす!!
リンパ節を冷やして体温の上昇を抑制。首の裏、左の鎖骨、ワキ、脚のつけ根とひざの裏。

出かけるまえに衣類にスプレーするとサラサラに♪ シャツ クール 冷感ストロング ¥540

肌に直接塗れる冷感スティックだよ♪ ひやしま専科 どこでもクールST ¥594

汗に効くツボがある!!
小指側の手首のつけ根から約1·5cmのところを何回か押して刺激すると汗に効く!!

親指と人さし指の骨が合流するところよりやや人さし指側のくぼみは万能のツボ♪

顔の汗にはココ!!
手をグーにしたときにとび出る小指のつけ根部分。ここを親指の腹でベンで強く押す。

ワキのまん中の下。腕を組むようなかんじで押すと◎。即効性のある汗どめのツボだよ。

ムダ毛攻略

せっかくの夏は肌を露出したい!! でもムダ毛が可愛さをジャマする…。ここではムダ毛のキレイな処理法を学び、360度どの角度から見られてもカンペキな肌をめざしていくよ!

岩立萌々チャン

どんなに見つめられてもOK ツルツル美肌をご覧あれ☆

ふだんは3日に1回カミソリで処理。夏の肌見せのために背中や腰まわりのうぶ毛が悩みどころ! 除毛クリームで処理したいと思ってるよ♪

ちなみに背中は…
背中のムダ毛はうぶ毛を取れるタオルがオススメ。コレを使ってやさしくこすれば簡単。

これでもOK

自分では見えない部分だから、友だちや家族に頼んでやってもらうのもひとつのテ!!

指は…
除毛クリームをのせ、5〜10分待ってOFFして。せまい範囲なら塗りムラの心配もなし!

ひじは…
ひじはカミソリを使いにくい場所。除毛クリームでも処理しきれない場合は、毛抜きで☆

正しいシェービングの方法を知ろう!!
ムダ毛をカミソリでそる=シェービングで、肌を傷つけてしまわないように、正しい方法を覚えてつるつる肌に♥

80%が美容液成分で、全身使える。VISHAVE シェービングクリームW ¥1296

4枚刃でしっかり処理★ シック クアトロ4 フォーウーマン ¥1296

1 お手入れをする部分をボディージェルで保湿したり、蒸しタオルで温めて毛をやわらかく。

2 シェービングフォームを肌にのばすよ。カミソリの滑りがよくなって肌への負担が減少♪

3 カミソリは毛の生えている方向にそって、軽く滑らすように動かす。肌に押しつけない!

4 シェービング直後は肌が敏感になっているので、一度肌をクールダウンさせてから保湿。

水着のときに恥ずかしくない Vラインの処理方法!!
水着になったとき、Vラインからアンダーがハミ毛しているなんて恥ずかしすぎ! 正しく処理してね♪

1 電動トリマーなどで量と長さを整える
基本はトリマーがオススメ。毛の切断面が平面になるからチクチクしない!
トリマーつき。シック ハイドロシルク トリムスタイル オープン価格

2 水着や下着から出る部分を確認する
キレイに仕上げるためにそる範囲を決める。ハミ出る毛をチェック。
チクチクしづらいヒートカッター! ラヴィア Vラ イントリマー ¥4113

3 そったあとは保湿をしっかりと♪
毛の流れにそってカミソリでそったら、ローションや乳液で保湿する♪

どんなアイテムがいいの?
自分でムダ毛を処理する場合は、たくさんある中から肌にやさしく、お手軽にできるものをチョイスして。

除毛パフ
肌の上でくるくる回すだけだから、お部屋でも簡単に除毛できる。顔以外の全身に使えるよ! ケナッシー 除毛パフ ¥518

カミソリ
広範囲を手早く処理したいならカミソリ。毛の流れに逆らうのは肌を傷つけるからNG! フェアリー ボディ用カミソリ 3本入り ¥388

脱色クリーム
毛が細いコは、色を抜くだけで存在感ゼロに! エピラット 脱色クリームスピーディー(医薬部外品) オープン価格

除毛クリーム
顔やデリケートゾーンのような皮ふが薄い場所には使えないものもあるから注意して! スリンキータッチ 除毛ミルク ¥999

めっちゃ種類豊富!!

ツヤとシャドーで3D顔に!! やりすぎないのがキモ!!

ベース&チーク

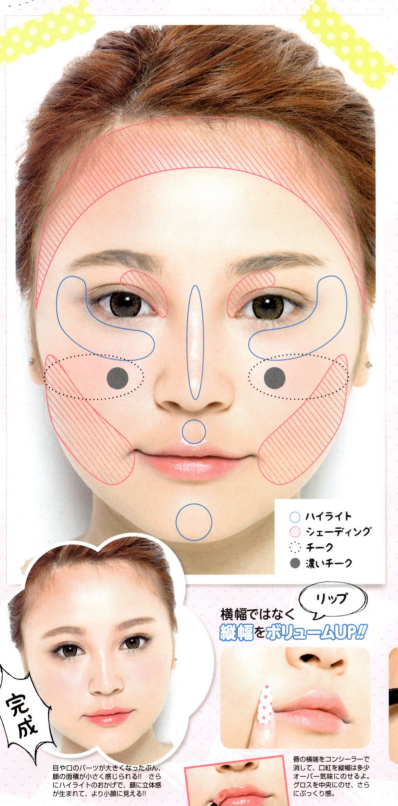

○ ハイライト
▨ シェーディング
◌ チーク
● 濃いチーク

完成
目や口のパーツが大きくなったぶん、顔の面積が小さく感じられる!! さらにハイライトのおかげで、顔に立体感が生まれて、より小顔に見える!!

1 高く見せたい部分にツヤを出す

お粉よりもクリーム系のシャドーのほうがツヤ感が出てナチュラルな立体感が出るよ。

2 口をすぼめたところにシャドーを入れて

肌よりもワントーン暗い色のシャドーを口をすぼめたときにできるくぼみに入れるよ。

3 生え際からこめかみ、あご先まで!!

リンカクボカシは、生え際からこめかみ、こめかみからあご先へと筆を何往復もさせて。

4 目のくぼみは三角になるように

シャドーを鼻スジまで入れちゃうと、いかにも感が出るので、目のくぼみにのみ入れるよ。

5 チークは横長に平行に入れて★

斜めに上げたり、まん丸に入れるのは、ちょっと古い印象に。平行チークが旬だよ。

6 濃いピンクを中央にちょこんとのせ♪

⑤でのせた色より濃いピンクをほおの鼻側に小さくのせるとグラデ効果で立体感UP。

リップ 横幅ではなく縦幅をボリュームUP!!

唇の横端をコンシーラーで消して、口紅を縦幅は多少オーバー気味にのせるよ。グロスを中央にのせ、さらにぷっくり感。

アイブロー 眉下を描き足して目との距離を縮める

眉と目の間を狭めることで、ハーフな彫り深顔に。1本1本、茶系の筆タイプのアイブローで毛流れをていねいに描いていくよ。

アイメイク デカ目にサギっても茶色だからナチュラル

目元はブラウン系のシャドーでグラデーションをつけて縦幅を出す。目尻は3mmハミ出して横長にサギる。ブラウンだから自然。

level 2 小顔ヘアでサギる!!

小顔メイクが完成したら、さらにヘアスタイルで顔を小さく見せられたら最強!! 簡単&おしゃれなのに、さらにサギれるこそくなヘアアレンジテクをご紹介～♪

おでこ見せるとにこるんパワーが半減するの

After おくれ毛でリンカクをボカした ガーリーポニー

この夏大活躍のポニーテールも、ワンテク加えることで、イッキにサギヘアにランクアップ!!

計算されたおくれ毛があざといでしょ～♪

Before つるんとした卵顔があらわに!!

---

1 おくれ毛の顔側を外巻きに!!

おくれ毛を顔側と耳側の2つに分け、顔側の毛を外巻きにすると、耳横のリンカクがボカせるよ。

2 エラの部分は内巻きに♪

耳側の毛を今度は内巻きにすると、ちょうどエラ部分が髪の毛で隠れる3!! 2種類の巻きで、エアリー感も◎。

3 高い位置で結ぶよ

おくれ毛を残し、髪の毛を集めたら、頭頂部の高い位置で1つに結びます。

4 頭のテッペンを盛る

頭のテッペンの毛を少しずつ引き出して、こんもりさせて高さを出すと、より小顔効果あり。ちょっとこ

顔をひとまわり小さく見せる ハーフアップ

タイトに結んだり、ただのダウンスタイルより、ふわふわさせたほうが、断然小顔に見えるよ!!

1 サイドの毛はねじって後ろへ!!

両サイドの耳上の毛を少し取り、外側にねじって、それぞれ耳後ろでピンでとめるよ。

2 ヘアバン巻いておくれ毛はラフに
残しておいたおくれ毛は、毛先から根元へ向けて軽く逆毛を立てて、くしゃっとさせる。

3 前髪にすき間をつくってヌケを出す
厚いパッツン前髪よりも、ちょっとすき間からおでこを見せたほうが軽い印象が出て◎。

サイドはタイトに、上下はふんわり♥

目線を外に!! 目くらまし三つ編み

何もしないストレートヘアで、視線を顔に集中させるのではなく、上や横にポイントを持ってくると、顔が小ちゃく見えるってわけでーす♪

1 耳下までは編み込み!!

髪の毛をキツめに引っぱり込むことで、たるんだほほのリフトアップ効果も期待♥

2 耳から下はふつうの三つ編み
下に引っぱるように三つ編み。毛先まで編むと、赤毛のアンみたいに毛束がルンッとなる。

3 キャップを浅めにON!!

顔を隠そうと深くかぶるより、浅いほうが高さが盛れて逆に小顔に見えるよ。

テッペンとサイドに視線を向けさせる

UP 着こなし術

どれも今年人気のアイテムだから、だれもコレがスタイルサギコーデなんだって見破れない!! おしゃれを楽しみながら、上手に着ヤセできるのが上級者♪

着こなしPoint

- ☑ ワントーンで縦長効果!!
- ☑ タイトにせず上下ゆるっと♪
- ☑ ぽっちゃり脚がスリムに変身!!

NG スカートにヌケがないと重た〜い印象に

脚がチラ見えしないだけで、イッキにオバさんっぽくなっちゃうから要注意!!

オフショルダー

キャミソール

大流行の透けスカートは、全身をワントーンにそろえると縦のIラインができて、身長が高く見える。さらに、透けレースマジックで脚の細見え効果もあるから、ぽっちゃり脚さんも安心しておしゃれを楽しめるよ♥ 全身ゆるっとした着こなしが今年っぽい。パジャマシャツ¥3877、透けスカート¥3229／ともにWEGO ソックス、サンダル／ともにスタイリスト私物

短め丈で、エアリー感があるキャミは、くびれをつくってくれる最強アイテム。さらにほかを1色でまとめて、ハデキャミを目立たせることで、脚長効果が狙えるよ。トップス（キャミソールセット）¥2149／WEGO ショートパンツ¥6804／LIP SERVICE ハット¥2149／PATISSIERE by minplume サンダル¥5292／ラグラスマート渋谷109店

透けロンスカ

着こなしPoint

- ☑ 肩を脚も全部見せすぎ注意!!
- ☑ 上にボリューム下はタイトに!!
- ☑ 二の腕ぷよコにオススメ!!

NG 肩も脚も全部見せはあか抜けない!

真夏はいいけど、オトナっぽくしたいなら、肌見せバランスが大事だよ。

肩をガッツリ出したオフショルの切り替えで、二の腕を上手にカバー。また、上にボリュームがあるから、ボトムはタイトにまとめるのがオススメ。スキニーパンツで脚を隠せば、よりデコルテの露出が際立ってオトナSEXYだよ!! オフショルトップス¥4212、スキニーパンツ¥8856／ともにLIP SERVICE バッグ¥4212／one way パンプス¥10584／FLAG-J

NG キャミがないだけでのっぺりしちゃう〜!!

着こなしPoint

- ☑ 着丈が短いものを選ぶべし
- ☑ シンプルよりハデな小花柄!!
- ☑ ぽっこりおなか隠しにGOOD!!

キャミがないだけで、あんなにあったメリハリがなくなった。もの足りなさは鬼のごとし。

その2 流行アイテムでスタイル

着こなしPoint
- ☑ 涼しげなレース素材が◎
- ☑ ショートボトムが相性バツグン
- ☑ Iラインができて身長が盛れる!!

ロングカーデを1枚はおるだけで、こなれ感がプラス。さらに、縦長なIラインも強調されてスタイルアップ!! レースカーディガン¥3238／スピンズ トップス¥2689／リゼクシー渋谷109店 ショートパンツ¥7970、ネックレス¥2138／ともにエゴイスト渋谷109店 ハット¥4212／one way バッグ¥6372／ENVYM サンダル¥7452／エスペランサ ルミネエスト新宿店

ギンガムチェック

白いワイドパンツに、大花柄の黒のビスチェを合わせたオトナっぽスタイルUPコーデ。ワイドパンツとビスチェにはさまれたウエストは、くびれて見える効果もあり!! ビスチェ¥4212、パンツ¥8856／ともにLIP SERVICE バッグ¥9698／エゴイスト渋谷109店 サンダル¥8532／R&E

着こなしPoint
- ☑ 上をタイトに下にボリューム
- ☑ おなか見せで露出バランス
- ☑ おチビ&脚太さんにオススメ!!

ロングカーデ

可もなく不可もなくってカンジ

NG レースカーデがあるのとないのでは、おしゃれ感、こなれ感が大違い!!

今年の人気No.1柄といえばギンガム!! 小ぶりなチェックより大ぶりなほうが、より目くらまし度は強いのでオススメ。ふわっとしたサイズのギンガムアイテムを気になる部分に持ってきて。 トップス¥2149／WEGO スカート¥2872／min plume渋谷109店 サングラス¥540／スピンズ サンダル¥8964／FLAG-J

ずんどう感が際立つわ～!!

NG おなかが見えないだけで、メリハリがなくなったオバさんコーデになっちゃう～。

着こなしPoint
- ☑ 気になる部分にギンガムを!!
- ☑ ギンガム以外はヌケ感重視!!
- ☑ 小ぶりより大きなチェック!!

丸首トップスだと厚苦しい～!!

NG ギンガムがインパクトのある柄なので、トップスは無地で、さらに首がガッツリあいたデザインがバランス◎。

ワイドパンツ